国家出版基金项目
NATIONAL PUBLICATION FOUNDATION

GZC 高校主题出版
GAOXIAO ZHUTI CHUBAN

"一带一路"系列丛书

"一带一路"
国别概览

哈萨克斯坦

李向阳　总主编

葛新蓉　编著　　张喜云　审定

大连海事大学出版社

ⓒ 葛新蓉　　2019

图书在版编目(CIP)数据

哈萨克斯坦 / 葛新蓉编著. — 大连：大连海事大
学出版社，2019.12
　　("一带一路"国别概览 / 李向阳总主编)
　　国家出版基金项目
　　ISBN 978-7-5632-3905-4

　　Ⅰ. ①哈… Ⅱ. ①葛… Ⅲ. ①哈萨克斯坦—概况
Ⅳ. ①K936.1

中国版本图书馆CIP数据核字(2019)第295368号

大连海事大学出版社出版

地址：大连市凌海路1号　邮编：116026　电话：0411-84728394　传真：0411-84727996
http://press.dlmu.edu.cn　E-mail:dmupress@dlmu.edu.cn

大连海大印刷有限公司印装　　　　　　　　　　大连海事大学出版社发行

2019年12月第1版	2019年12月第1次印刷
幅面尺寸：155 mm × 235 mm	印数：1～3000册
印张：11	字数：166千

出 版 人：余锡荣　　　　　　　　　　　　　　　项目策划：徐华东
责任编辑：王桂云　　　　　　　　　　　　　　　责任校对：刘若实
装帧设计：孟　冀　解瑶瑶　张爱妮

ISBN 978-7-5632-3905-4　　　　　　　　　　　　　　　定价：55.00元

"一带一路"国别概览

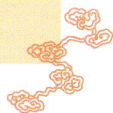

丛书编委会

▶ 主　任　李向阳

▶ 副主任　徐华东　李绍先　郑清典　李英健

▶ 委　员　李珍刚　姜振军　张淑兰
　　　　　　尚宇红　黄民兴　唐志超
　　　　　　滕成达　林晓阳　杨　淼

总序

　　2013年秋，国家主席习近平在哈萨克斯坦和印度尼西亚出访期间，先后提出共建"丝绸之路经济带"和"21世纪海上丝绸之路"的倡议，倡导共商、共建、共享理念，得到国际社会广泛关注和积极响应。"一带一路"倡议旨在积极发展与沿线国家的经济合作伙伴关系，共同打造政治互信、经济融合、文化包容的利益共同体、命运共同体和责任共同体。

　　"一带一路"倡议源自中国，更属于世界，它面向全球、陆海兼具、目的明确、路径清晰、参与方众、反响热烈。五年间，"一带一路"倡议从理念转化为行动，从愿景转变为现实，在顶层设计、政策沟通、设施联通、贸易畅通、资金融通、民心相通等方面都取得了显著的成果，为实现世界共同发展繁荣注入推动力量、增添不竭动力。目前，我国已与100多个国家和国际组织签署了共建"一带一路"合作文件。共建"一带一路"倡议及其核心理念被纳入联合国、二十国集团、亚太经合组织、上合组织等重要国际组织成果文件。

　　"一带一路"沿线国家地理地貌、风俗人情、经济发展、投资环境各不相同，极有必要对其进行系统的介绍和分析。此外，目前针对"一带一路"沿线国家的研究仍不够深入，缺少系统、整体的研究资料。大连海事大学出版社组织策划的"'一带一路'国别概览"丛书（首批65卷）适逢"一带一路"倡议提出五年后下一个阶段深入推进的需要之时，也填补了国内系统地介绍"一带一路"沿线国家国情的学术专著的空白，获得了国家出版基金项目资助，并入选教育部全国高校出版社主题出版选题。

　　"'一带一路'国别概览"丛书（首批65卷）联合中国社会科学院、北京大学、山东大学、宁夏大学、广西民族大学、上海对外经贸大学、黑龙江大学等多家高校及研究机构编写，并组织驻"一带一路"沿线65个国家的前大使对相关书稿进行审定。本套丛书不仅涵盖了各国地理、简史、政治、军事、文化、社会、外交、经济等方面的内容，突出了各国与丝绸之路或海上丝绸之路的历史渊源，力争为读者提供全景式的国情介绍，还从"一带一路"政策出发，引用实际案例详细阐述了中国与各国贸易情况及各国的投资环境，旨在为"一带一路"的推进提供强大的智力支持，加快科技成果转化，促进合作人才培养，帮助我国"走出去"的企业有效地防控风险，从而全方位地助推"一带一路"建设。

"'一带一路'国别概览"丛书（首批65卷）的顺利出版得益于大连海事大学出版社的精心策划和组织，也凝聚着百余位相关领域专家学者的心血，在此深表感谢。

国家主席习近平曾深情地说："'一带一路'建设承载着我们对美好生活的向往，将把每个国家、每个百姓的梦想凝结为共同愿望，让理想变为现实，让人民幸福安康。"我们也希望本套丛书可以为"一带一路"建设架起一座沟通的桥梁，推动"一带一路"倡议在沿线国家向更深远和平稳的方向发展。

"'一带一路'国别概览"丛书编委会
2018年6月

前言

　　哈萨克斯坦地处欧亚大陆中间地带，是中亚领土面积最大、交通地理位置最为重要的国家，国土面积272.49万平方千米，是世界上最大的内陆国家，与中国有1700多千米的共同边界。在历史上，哈萨克斯坦因其地处欧亚中心的地理位置上而成为极其重要的贸易通道，哈南部的阿拉木图、奇姆肯特、塔拉兹等城市曾是古代丝绸之路的必经之地。两千年前，汉武帝时期的张骞出使西域就曾到过这里，开辟出一条通向西方的陆上商路。2014年，中国、哈萨克斯坦和吉尔吉斯斯坦联合申报的丝绸之路项目正式列入《世界遗产名录》。现在，哈萨克斯坦是连接欧洲和亚州经济贸易往来的重要纽带，未来也将会在相当长时间里发挥着中国向西开放的桥梁和枢纽作用。

　　中国与哈萨克斯坦是传统友好邻邦，两国高层互访频繁，合作的基础条件良好。1991年12月27日，中国承认哈萨克斯坦独立。1992年1月3日中哈两国建立大使级外交关系。此后中哈两国高层互访不断。习近平同志担任国家主席以来，特别重视发展与哈萨克斯坦的关系，已经先后3次访问哈萨克斯坦，与哈萨克斯坦首任总统纳扎尔巴耶夫共同规划中哈关系美好蓝图，推动中哈合作向更高水平迈进。哈萨克斯坦首任总统纳扎尔巴耶夫也多次正式或借来中国参加上合组织峰会和亚信会议的机会访问中国，与中国领导人举行会谈。其间，两国于2013年9月签署了《中华人民共和国和哈萨克斯坦共和国关于进一步深化全面战略伙伴关系的联合宣言》；2015年8月签署了《中华人民共和国和哈萨克斯坦共和国关于全面战略伙伴关系新阶段的联合宣言》；2017年6月签署了《中华人民共和国和哈萨克斯坦共和国联合声明》以及其他双边条约和协议；2018年6月，双方再次签署了《中华人民共和国和哈萨克斯坦共和国联合声明》。2019年9月，哈萨克斯坦现任总统托卡耶夫访问北京，与习近平主席一致决定，双方将本着同舟共济、合作共赢的精神，发展中哈两国永久全面战略伙伴关系。

2013年9月，习近平主席在纳扎尔巴耶夫大学发表演讲时提出了建设"丝绸之路经济带"倡议。对此，哈萨克斯坦方面积极响应。2014年11月，哈萨克斯坦首任总统纳扎尔巴耶夫提出"光明之路"新经济政策，并将其与中国的"一带一路"倡议对接。在此基础上，2016年9月，中哈正式签署了《关于"丝绸之路经济带"建设与"光明之路"新经济政策对接合作规划》，确定两国合作的愿景是提高两国基础设施互联互通水平，推动投资贸易发展，加强交通运输、工业、农业、能源、新兴产业、金融、知识产权等领域的深度合作，充分发挥双方优势和潜力，不断拓展互利共赢的发展空间，促进共同繁荣，提升在国际市场上的联合竞争力。目前，中国是哈萨克斯坦第一大贸易合作伙伴、第二大出口市场和第一大进口来源国，中哈的贸易额从1992年的 3.6 亿美元增加到 2018 年的 198.85 亿美元。总之，中哈在各领域的互利合作正如火如荼地展开，两国实现了优势互补，成为"一带一路"框架下互利共赢的合作典范。

本书为教育部国际合作交流司委托课题"我国与中亚国家双多边教育国际合作交流与发展战略研究"的阶段性成果，同时被纳入教育部人文社会科学基地黑龙江大学俄罗斯语言文学与文化研究中心"俄罗斯百年文库"丛书。

本书的编写基本按照"'一带一路'国别概览"套书的体例进行，写作过程中参考了国内外专家学者的相关著述和文献，在此表示深深的谢意。同时，感谢韩冲、黄识语、孙雨薇、Alzhaparova Aimkul（哈萨克斯坦籍）四位研究生在资料搜集和整理过程中给予的帮助，感谢大连海事大学出版社王桂云编辑的辛勤工作。由于编者水平有限，书中缺点、错误以及疏漏与不足之处在所难免，恳请批评指正。

编　者

2019年10月

目　录

第一章　地理

第一节　地理位置

　　哈萨克斯坦领土横跨亚欧两洲，国土面积的绝大部分在亚洲，只有很少一部分在欧洲。哈萨克斯坦国土总面积约为272.49万平方千米，排名世界第九位，在亚洲排在中国和印度之后，列第三位。其面积约占地球陆地表面积的2%，亚洲面积的6.1%。欧亚界河乌拉尔河流经该国西部的阿特劳市。哈萨克斯坦西起伏尔加河下游，东至阿尔泰山，北起西西伯利亚平原，南至天山山脉。东西宽约3 000千米，南北长约1 700千米。

　　哈萨克斯坦与俄罗斯、中国、吉尔吉斯斯坦、乌兹别克斯坦、土库曼斯坦等国接壤。其东南部与中国新疆维吾尔自治区相邻，北临俄罗斯联邦，西部与伊朗、阿塞拜疆隔里海相望，经阿克套港乘船通过里海可以到达阿塞拜疆和伊朗，通过伏尔加河和伏尔加河-顿河运河可以到达亚速海和黑海。被称为"当代丝绸之路"的"欧亚大陆桥"就横贯哈萨克斯坦全境。南面则与乌兹别克斯坦、土库曼斯坦和吉尔吉斯斯坦接壤。

第二节　　气候

哈萨克斯坦的气候属于典型大陆性气候，夏季炎热干燥，冬季寒冷少雪，该国北方冬季寒冷漫长，夏季炎热干燥。1月份平均气温为-19℃至-4℃，7月份平均气温为19℃至26℃。

尽管哈萨克斯坦全境为大陆性气候，但各地差异也很大。在沙漠地区表现得尤其明显，最高温度和最低温度可相差80℃～90℃。在山区，温差则没有这么大。哈萨克斯坦全年多风，冬季刺骨，夏季干热。南方日照充足、雨量丰沛，有利于水稻、棉花、烟草、甜菜、葡萄等作物的生长。

哈萨克斯坦的气候变化四季鲜明，同一季节，不同地区差异也很明显。在冬季，北纬48°至50°地区为过渡性气候带，气候带北部冬季长达5个月，温度有时可达-55℃至-45℃，降水量非常少，常刮西南风和南风。气候带稍南一些地区，冬季时间逐渐变短，天气比较暖和，少数年份气温可达-30℃至-20℃，降水通常出现在冬季的后半期，东北风居多，少见阳光。哈萨克斯坦一般从4月开始转暖，积雪迅速融化，但经常出现倒春寒现象，有时甚至在初夏也会出现霜冻，5月也会降雪。哈萨克斯坦夏季的特点表现为白天比较炎热，晚上却比较凉爽甚至寒冷，部分地区早晚温差可达25℃至32℃。6—7月，北方地区降水比较集中，南方地区却降水很少，天气晴朗少云、炎热干旱。在荒漠地区，有时两三个月都见不到雨水。秋天较短，温度急剧下降，特别是在北方地区，气候开始寒冷，有时夜间伴有霜冻。白天，北方地区气温为10℃至15℃，南方地区气温为25℃。在北方秋季雨水逐渐减少，南方却增加。

从地形分布上看，哈萨克斯坦西南部属图兰低地和里海沿岸低地。中、东部属哈萨克丘陵，东缘多山地。哈萨克斯坦的半荒漠和荒漠大多都在西南部，北部较为湿润，北部和里海地区均能接受来自海洋的水汽。里海、咸海、巴尔喀什湖沿岸地区和哈萨克斯坦中部最为干旱。从降水量上看，全国绝大部分地区年降水量少于250毫米，年降水量荒漠地带不足100毫米，北部300～400毫米，山区1 000～2 000

毫米。干旱地区植被较少，农业发展需要人工灌溉，不利于农业发展。哈萨克斯坦的主要农业区集中在北部平原地区、东部和东南部山麓地区，与气候因素有很大关系。

哈萨克斯坦地形复杂，境内多为平原和低地。地形特点表现为东南高、西北低。其中，西部最低点是卡腊古耶盆地；东部和东南部为山脉和山地；平原主要分布在西部、北部和西南部；中部是哈萨克丘陵。

哈萨克斯坦的东部和东南部以山脉和山地为主要地形特征，阿尔泰山、塔尔巴哈台山、准噶尔阿拉套山、外伊犁阿拉套山、天山均位于此。阿尔泰山系在哈萨克斯坦境内分为南阿尔泰山和北阿尔泰山，高度在海拔 2 300～2 600 米。准噶尔阿拉套山脉总长 450 千米，宽 100～350 千米，被科克苏河和博拉塔尔河分割成北准噶尔阿拉套山和南准噶尔阿拉套山。天山山系位于哈萨克斯坦的东南端，为中国、哈萨克斯坦、吉尔吉斯斯坦三国界山，最高峰汗腾格里峰海拔 6 995 米，也是哈萨克斯坦境内的最高峰。从天山山系向西北延伸着山势不高的楚–伊犁山脉。该国东北部还有一些较为低矮的山脉，如巴彦阿乌尔山、叶尔缅套山，中部有卡尔卡拉林山、成吉斯套山等。里海沿岸低地向南朝里海方向逐渐下降，沿里海地带低于海平面达 28 米，最低点卡拉基耶盆地低于海平面 132 米。向南又逐渐升高，形成海拔 200～300 米的于斯蒂尔特高原和曼格斯拉克半岛上的卡拉套山、阿克套山。

哈萨克斯坦东北部有图兰平原，它从哈萨克斯坦东北部经中部逐渐向哈萨克丘陵过渡，再向东南部的天山山脉延伸。在北部，哈萨克丘陵与西西伯利亚平原南缘连接在一起。此外，还有辽阔的草原，草原约占国土面积的 30% 强；荒漠与半荒漠在哈萨克斯坦也分布很广，从里海延伸到阿尔泰山的半荒漠，占国土面积的 15%。

第四节　地质

哈萨克斯坦的土地资源十分丰富。其土壤、气候条件适合各类温带作物，适于发展各种畜牧业。但森林资源面积不大，木材需要从外国进口，主要进口国是俄罗斯。哈萨克斯坦拥有土地储备2 800万公顷，约占国土面积的10.45%，但多为农业无法利用的土地。哈国土壤具有明显的地带性特征，北部地区为黑土区，靠近南部地区为褐土，再往南是沙质土壤带或是大面积的沙漠地带与龟裂的土地交替分布，西部山区和天山以北的地区是灰钙土和浅褐土。

哈萨克斯坦林地约10万公顷。森林主要分布在东部和东南部山区。近年来由过度采伐、木材存量不断减少，同时也带来气候变化，致使干旱频频发生。水流减少，河流灌溉能力下降，造成农田和草场收获量锐减。

哈萨克斯坦的动物资源和植物资源也很丰富，有利于发展渔业、狩猎业和农村副业。其中野生动物800多种，包括150多种鱼类，植物4 700多种，大部分是草本植物。

近年来，哈萨克斯坦的森林资源由于过度采伐而日益减少，各种林产品产量也有下降趋势。哈萨克斯坦共有牧场1.823亿公顷，可提供约50%的牲畜饲料，天然牧草对牲畜饲养十分有利，而且为无偿提供，这是哈萨克斯坦一笔巨大的自然财富，但该国天然牧场在不断退化，草质在变化，许多牧场长出一些牲畜无法食用的草，这涉及6300万公顷草原。另外，还有500万公顷草原已经彻底失去作为牧场的作用。哈萨克斯坦近年来牲畜存栏数急剧减少，这与草原的退化有一定的关系。

哈萨哈斯坦的草地专家也在努力改良草场，例如他们通过多年的研究提出，当草场利用强度达到65%左右时，是植被恢复的最佳时期。通过牲畜践踏和采食，使多年生牧草种子在落入土壤后，能够深入土壤，并使地表植被达到种子萌动所需的光照及生存空间。他们从长年保存的3 000多个野生品种中，培育出新品种，通过引种驯化选育个别品种种植。这些品种的共同特点是对土壤条件要求不高，具有较强耐旱、抗寒和耐盐碱能力。能够在年降水量200～300毫米的荒漠半荒漠地区正常生长。

第五节　　水文

哈萨克斯坦是一个河流、湖泊相对较多，但由于气候条件限制，仍然缺水的国家。境内主要河流有额尔齐斯河、锡尔河、乌拉尔河、恩巴河、伊犁河、伊希姆河、托博尔河、图尔盖河、楚河等，按水系划分为8个流域，平均地表水径流量为1 005亿立方米，其中本国自产水径流量为565亿立方米，邻国流入440亿立方米。哈萨克斯坦与周围邻国均存在跨界水体联系，除了努拉-萨雷苏流域外，其他流域均为跨界河流。哈萨克斯坦水能资源理论总蕴藏量为1 700亿千瓦时，主要集中在东部的额尔齐斯河和东南部的伊犁河、锡尔河。

哈萨克斯坦的水资源和水能资源主要集中在三个区域：一是东部地区，主要分布在额尔齐斯河流域及其主要支流布赫塔勒姆河、乌巴河、库勒丘姆河、乌勒巴河、卡勒德如勒河；二是东南部地区，主要分布在伊犁河流域和东哈尔巴什湖流域；三是南部地区，主要分布在锡尔河、塔拉斯河和楚河。其中，流域面积最大的水体包括乌拉尔河-里海、锡尔河-咸海、伊犁河-巴尔喀什湖、额尔齐斯河-斋桑湖、阿拉湖群、沙尔达拉水库、卡夫恰盖水库及舒勒巴水库。

哈萨克斯坦共有大小河流8.5万多条，大部分为内陆河和季节性河流。其中，水量最大的为额尔齐斯河，全长4 248千米，在哈萨克斯坦境内有1 700千米。其次为伊希姆河，全长2 450千米，在哈萨克斯坦境内约有1 400千米。其他较大河流还有乌拉尔河，全长2 428千米，在哈萨克斯坦境内约有1 082千米；锡尔河，全长2 219千米，在哈萨克斯坦境内约有1400千米；伊犁河，全长1 001千米，在哈萨克斯坦境内约有815千米；楚河，全长1186千米，在哈境内约有800千米；托博尔河，全长1 591千米，在哈境内约有800千米；等等。虽然如此，但哈萨克斯坦境内的不少河流只有在春季才有水，夏季因曝晒而干涸。

哈萨克斯坦湖泊众多，水面1公顷以上的湖泊、水塘、水库4.8万个，水面总面积达4 5032平方千米。其中较大的有里海、咸海、巴尔喀什湖和斋桑湖等。其中，里海面积约为37.4万平方千米，为哈萨克斯坦、阿塞拜疆、伊朗、土库曼斯坦和俄罗斯共有。咸海面积约为4.66万平方千米，部分属于哈萨克斯坦，另一部分属于乌兹别克斯坦。除里海和咸海以外，哈萨克斯坦面积较大的湖泊有：巴尔喀什湖，1.83万平方千米；阿拉湖，2 650平方千米；田吉兹湖，1 162平方千米；谢列特田吉兹湖，750.3平方千米；萨瑟克湖，736平方千米；库什穆伦湖，460.1平方千米；马尔卡湖，455平方千米；萨雷科帕湖，336平方千米。巴尔喀什湖是哈萨克斯坦最大的淡水湖，可以通航。

哈萨克斯坦还有高山冰川分布。它们是哈萨克斯坦东南部地区重要的淡水来源之一。该国拥有冰川2 700余座。著名冰川有科尔热涅夫斯基冰川、贝格冰川、阿拜冰川等。

哈萨克斯坦的地下水资源总量为450亿立方米，地下水资源在所有山区基本都有分布，但分布不平衡。有近一半的地下水集中在南部地区，西部地区地下水只占总量的20%，哈中部、北部以及东部的地下水量，约占总量的30%。除此之外，地下水水质也各不相同。但总体而言，哈国境内的地下水资源比较丰富，基本上可满足居民生活用水、工业用水以及农业用水的地下水需求。

哈萨克斯坦农业灌溉用水不足与哈萨克斯坦国内河流来水年径流量和空间分布不均有关。据统计，最大年径流量和最小年径流量相差2～3倍，通常经过5～7年的丰水期后就要经历1～3年的枯水期。哈萨克斯坦在进行人工灌溉的条件下可以种植各种喜温作物，由于日照时间长，棉花、水果、瓜类的质量都很好。

第六节　自然带

由于气候和植被不同，哈萨克斯坦的土壤类型也不同。由南向北大体可分为4个自然地带：森林草原带、草原带、半荒漠带和荒漠带。

森林草原地带主要是黑土，包括科斯塔奈州、北哈萨克斯坦州、阿克托别州、巴甫洛达尔州的一些地区，这种土壤大约占全国土地面积的9.5%。这些州是哈萨克斯坦的粮食主要产区。

草原带和半荒漠带的土壤主要为栗钙土，北哈萨克斯坦州、卡拉干达州、阿克托别州、西哈萨克斯坦州、科斯塔奈州和阿特劳州的大部分地区都是这种土壤。这种土壤占全国土地面积的34.3%。

荒漠带的土壤为棕栗钙土，乌斯秋尔特、里海沿岸低地、图尔盖地区、别特帕克达拉等地的大部分地区都属于这种土壤，其面积占全国土地面积的43.6%。棕栗钙土肥力低，腐殖质含量仅1%~2%，因此耕种时必须施用大量有机肥和化肥。

森林草原带和草原带由于降水量不足，大部分地区不能自然生长森林，自然植被主要是由丛生禾草组成的温带草原，并混生有多种双子叶杂草，有时也夹杂有灌木丛。这一地带由于有足够的阳光和热量，土壤比较肥沃，还有一定的降水，因此是哈萨克斯坦主要农业区。

在半荒漠地带，由于降水不足，蒸发量又大，土壤湿度不能满足禾草发育，占优势的是旱生半灌木、针茅和羊茅，多呈稀疏的斑状分布，在植被之间有大片裸露的土壤。除农田外，这一地带大部分地区都是牧场。

荒漠地带植物十分稀疏，覆盖度极低，以致大部分地面裸露。植被主要是旱生、耐盐碱的猪毛菜和灌木，还有一些仅限于春天生长的植物。但是荒漠和半荒漠地带日照和热量资源十分丰富，只要有灌溉条件，均适宜种植各种喜温作物。

哈萨克斯坦广阔的土地有利于发展农牧业，虽然农业产量很低，但由于哈萨克斯坦土地资源丰富，即使广种薄收，它仍然是产粮大国，产量除可满足国内需要，还可以出口。

第七节　自然资源

哈萨克斯坦自然资源非常丰富，尤其是土地资源、金属矿产资源和能源资源，这成为该国经济发展的有利条件。截至2014年已探明矿藏90多种，其中钨储量占世界第一位，铬和磷矿石占世界第二位，铜、铅、锌、钼和磷的储量占亚洲第一位。此外，铁、煤、石油、天然气的储量也较丰富。已探明的石油远景储量达120亿～170亿吨，煤储量约为39.4亿吨，天然气储量为6万亿～8万亿立方米。森林和营造林约2 170万公顷，地表水资源约530亿立方米。耕地大部种植以春小麦为主的粮食作物，还产棉花、甜菜、烟草等。

1. 石油和天然气

哈萨克斯坦陆上石油探明储量为48亿~59亿吨，天然气为3.5万亿立方米；哈萨克斯坦属里海地区石油探明储量80亿吨，其中最大的卡沙干油田石油可采储量达10亿吨，天然气可采储量超过1万亿立方米。

据估计，哈萨克斯坦已拥有300亿桶的原油储量，居世界第十一位。近几年，由于吸引了众多外商投资和提高了生产效率，该国石油产量迅速攀升。就现有的生产水平（144万桶/天）计算，该国的产量可维持50年。该国未来十年新增产量的80%将来自四个大油田：卡沙干大油田将增长100万桶/天（位于里海北部，是世界第五大油田，拥有300亿桶油当量的油气可采储量）；田吉兹油田将增长70万桶/天（位于里海东北部沿岸湿地，拥有60亿~90亿桶石油可采储量）；库尔曼加齐油田将增加60万桶/天（位于里海中部）；卡拉恰干纳克油田将增加50万桶/天（位于哈萨克斯坦北部靠近俄罗斯边界处，拥有16万亿立方英尺天然气和24亿桶石油可采储量，可维持生产40年）。

2. 煤炭

哈萨克斯坦煤资源储量排在中国、美国、俄罗斯、澳大利亚、印度、南非和乌克兰之后，位列全球第八，占世界总储量的4%。全国烟煤矿和褐煤矿共有近400处，预测储量达1 620亿吨，烟煤和无烟煤探明可采储量为310亿吨，次烟煤和褐煤探明可采储量为30亿吨，总计为340亿吨，占世界总储量的2.6%。其中的大部分煤田分布在哈萨克斯坦中部的卡拉干达州（卡拉干达、埃斯基巴斯图兹和舒巴尔科里煤田）和北部的巴甫洛达尔州（图尔盖煤田）。其中卡拉干达煤田储量93亿吨、图尔盖煤田58亿吨、埃斯基巴图兹煤田127亿吨。哈萨克斯坦的煤层赋存条件很好，2/3的煤炭储量埋藏深度在600米以内，可露天开采。哈萨克斯坦大型的采煤企业主要集中在巴甫洛达尔州和卡拉干达州，年生产能力可达1.46亿吨。

煤炭工业是哈萨克斯坦的传统产业，在国家经济发展中占有关键位置，是哈经济体系的支柱产业之一。目前全国78%的电力和100%的焦炭化工生产依靠煤炭，市政供暖和居民生活仍离不开煤炭。

3. 铀

哈萨克斯坦铀的储量非常丰富，已探明储量为150万吨左右，占世界铀储量的25%，居世界第二位。第一位是澳大利亚，第三位是加拿大，以后依次为南非、巴西、纳米比亚、乌兹别克斯坦、美国、尼日尔和俄罗斯——这些国家的铀储量占全球总储量的96%。

哈萨克斯坦铀矿主要集中在其南部楚河–萨雷苏河铀矿区、锡尔河铀矿区（超过哈萨克斯坦总储量的70%）和北部铀矿区（占总储量的17%左右），已探明铀矿超过55个。哈萨克斯坦铀矿的水文地质条件非常好，开采成本低。目前正在开采的铀矿90%以上采用地下浸出的低成本方法开采。

4. 黄金

哈萨克斯坦黄金储量丰富，已探明储量约1 900吨，居世界第八位，占全球黄金储量的3% ~ 4%。黄金储量居前七名的国家为：南非、美国、澳大利亚、中国、俄罗斯、加拿大和印度尼西亚。哈萨克斯坦有20个金矿区，主要分布在哈萨克斯坦的北部、东部和东南部地区。哈萨克斯坦的金矿基本为中、小型矿（黄金储量在25吨以下为小型矿，25 ~ 100吨为中型矿）。储量超过200吨的大金矿只有两座，分别是纳瓦西里科夫矿和巴克尔奇克矿。

从哈萨克斯坦金矿的种类上看，单一金矿占总储量的68%左右，其余为共生矿。但目前全国黄金产量的2/3来自共生矿，是在加工锌和铜的过程中提炼出来的。目前哈萨克斯坦全国拥有金矿105个，其中37个矿（占35%）只从事开采，56个矿（占53%）兼营开采和勘探，只有12个矿（占12%）仅从事勘探业务。

哈萨克斯坦黄金产量仅排行世界前二十位。全国范围内从事黄金开采的公司有71家，其中48家为本国企业，还有18家外国企业和5家合资企业。近10年来上述公司投入资金约10亿美元，其中82%的投资用于黄金开采领域。

5. 铜

哈萨克斯坦铜矿已探明储量为3450万吨，占世界储量的5.5%，列智利、印度尼西亚和美国之后排世界第四位。哈萨克斯坦已勘探出93座铜矿，一半以上处于开采阶段。全国大型铜业开采公司有11家，其中两家为外国公司。排名靠前的两家公司为哈萨克斯坦铜业公司和哈萨克斯坦铝业公司。

哈萨克斯坦铜业公司是哈萨克斯坦最大的铜矿开采、冶炼、加工企业，铜产量在世界铜业公司中排名第九位，年出口量占全球出口量的3%。

6. 铅和锌

哈萨克斯坦已探明铅储量为1 170万吨，占世界储量的10.1%，列俄罗斯、加拿大、澳大利亚、美国和中国之后排世界第六位。

哈萨克斯坦铅、锌矿的工业级储量分别占总储量的75%和86%。平均品位分别为1.34%和3.15%，而独联体以外国家的平均品位分别是2.66%和5.16%。目前在哈萨克斯坦发现的铅锌矿有3 000多处，主要集中在中部、南部和东部地区。中部主要为层矿，铅锌含量在5%以下，属于贫矿。在哈萨克斯坦南部分布有喀斯特矿，铅锌含量高，是哈萨克斯坦铅锌富矿的勘探重点之一。哈萨克斯坦铅的出口量在总产量中的占比为88%~93%，主要出口到西班牙和俄罗斯。

哈萨克斯坦已探明锌储量为2 570万吨（占世界储量的9.5%）。储量排在澳大利亚、美国和俄罗斯之后列世界第四位。哈萨克斯坦上市公司哈萨克锌业股份公司为哈萨克斯坦A类上市公司，负责全国铅锌业生产，旗下有7家子公司，主要包括运输公司、矿井建设公司、维修服务公司、石材公司、铅试验厂等。

7. 铝矾土

哈萨克斯坦已探明铝矾土储量为4.5亿吨，储量为世界第十位，排在几内亚、澳大利亚、牙买加、巴西、印度、中国、圭亚那、苏里南和委内瑞拉之后。哈萨克斯坦的铝矾土矿储量很丰富，按每年开采500万吨计算，可开采90年。

哈萨克斯坦已探明的铝矾土矿全部集中在科斯塔奈州的三个地区：西图尔盖（85.8%）、中图尔盖（6.6%）和东图尔盖（7.6%）。

全国现有28个铝矾土矿。哈萨克斯坦铝业公司负责全国的铝业生产。该公司旗下有巴甫洛达尔制铝厂、红十月铝矾土公司和图尔盖铝矾土公司。

哈萨克斯坦铝业股份公司是独联体最大的氧化铝生产厂家，年产量排在世界前十位。除氧化铝外，还生产高品质金属镓、硫酸铝、耐火黏土和石灰石等。

8. 镍、钴和镉

根据已探明储量，哈萨克斯坦镍和钴储量在世界各国中排名分别为第十二位和第七位。全国有 39 家镍矿和 55 家钴矿。拥有储量最多的为哈萨克镍业公司。全国共有 5 家开采公司，其中 2 家为外国公司，3 家为国内公司。

哈萨克斯坦同时出产镉，但镉产量并不稳定，2001 年产量为170 吨，2004 年为 2 351 吨，2005 年开始哈萨克斯坦国家统计局不再公布镉的年产量。哈萨克斯坦出产的镉几乎全部用于出口。

9. 锰和铁

哈萨克斯坦的锰矿资源非常丰富，总储量超过 6 亿吨，全部集中在卡拉干达州。锰储量排世界第四位，在南非、乌克兰和加蓬之后。全国目前有 47 处铁矿和 31 处锰矿。有 23 家公司从事铁和锰的开采业务，其中 3 家外国公司和 20 家国内公司。

哈萨克斯坦目前探明的铁矿储量有 91 亿吨，储量排世界第六位，列俄罗斯、澳大利亚、乌克兰、中国和巴西之后。哈萨克斯坦的铁矿属于富矿，铁精矿含量可达 65% 左右。哈萨克斯坦地质学家预测，其铁矿远景储量为 150 亿吨，其中约 60% 为富矿和易选矿。

哈萨克斯坦铁矿的主要产地在科斯塔奈州和卡拉干达州。米塔尔钢铁公司（原卡拉干达钢铁厂）就位于此。此处为铁锰伴生矿，储量达 5 亿吨。此外，哈萨克斯坦东部还有丰富的赤铁矿有待开发。

10. 铬

哈萨克斯坦的铬矿储量居世界第二位，仅次于南非。哈萨克斯坦目前已探明储量的铬矿有 20 个，总储量超过 4 亿吨，占世界铬储量的 1／3。几乎全部集中在阿克托别州的赫罗姆套（意为"铬山"）。按目前年开采量 200 万～300 万吨计算，可开采 100 年以上。哈萨克斯坦铬矿的平均品位为 40%，现在开采的大都为含量在 45% 以上的富矿。

哈萨克斯坦最大的铬矿生产企业为顿河采选矿联合厂，位于阿克托别州的阿克托别市，是世界最大的铬矿开采企业之一，其原料基地南克姆比尔塞矿蕴藏着 3.8 亿吨高品质铬矿，为世界第二大铬矿。

11. 钨

哈萨克斯坦钨矿储量为 200 万吨，集中在 12 个矿区。哈萨克斯坦钨的储量居世界第一位，总储量占全球储量的 50%。

哈萨克斯坦钨矿主要集中在中部的卡拉干达州及东南部地区，多为钨钼共生矿。最大的钨矿是位于卡拉干达州阿塔苏以东大约100千米的上凯拉克特矿。

第八节　行政区划

哈萨克斯坦按地区有几种分类方式。按照传统方法，该国被分为三个历史区域：小玉兹、中玉兹和大玉兹。历史上，这种地域划分符合以哈萨克部落游牧方式而自然结合成的玉兹的地理分布。这些结合在很大的程度上是由于经济原因，虽然民族（族群）和历史文化因素也起了很大的作用。直至今日，哈萨克人依然保留其玉兹属性的历史记忆。另一种分类方法是以地理和经济为根据的苏联式的分类方法。根据这种方法，哈萨克斯坦划分为五个区域：西部、北部、中部，东部和南部，每个地区都有其自身的地理和经济特点。这种分类在几个州的名称上沿用至今。在苏联时期之前还有过对哈萨克斯坦更为简单的分类，即讲俄语的北部地区（其中包括中部）和哈萨克人或穆斯林聚居的南部地区（但不包括阿拉木图）。这种划分是以哈萨克斯坦在20世纪复杂的历史命运造成的族群因素为基础，也反映了哈萨克斯坦在居民构成中的人口族群变化。

苏联解体后，在哈萨克斯坦的国家建设进程中，首任总统纳扎尔巴耶夫于1992年2月进行了行政结构重组，建立了直接向总统负责的行政管理制度（州长制），奠定了单一制国家结构的基本原则。该系统阻止了任何使哈萨克斯坦实行联邦制的企图，并杜绝了分裂主义在不同族群及区域滋生的土壤。

哈萨克斯坦行政区划分为州（中央直辖市）、区、市、镇、乡、村（包括阿吾勒——牧区基层组织的一种形式，类似于村落）。全国划分为14个州2个直辖市：阿克莫拉州、阿克托别州、阿拉木图州、阿特劳州、南哈萨克斯坦州、东哈萨克斯坦州、江布尔州、西哈萨克斯坦州、卡拉干达州、克孜勒奥尔达州、科斯塔奈州、曼吉斯套州、巴甫洛达尔州、北哈萨克斯坦州，努尔苏丹市和阿拉木图市。

努尔苏丹市为哈萨克斯坦首都，位于哈萨克斯坦中北部，伊希姆河右岸，是铁路交通枢纽。面积约 300 平方千米，人口为 81.44 万。1830 年为俄军要塞，1832 年起称为阿克莫林斯克。1961 年改称为切利诺格勒，意为垦荒者的城市。1992 年改称为阿克莫拉。1994 年 7 月 6 日哈萨克斯坦议会通过将首都迁往阿克莫拉的决定。1997 年 12 月 10 日开始迁都。1998 年 5 月 6 日，哈萨克斯坦首任总统纳扎尔巴耶夫命令将阿克莫拉改名为阿斯塔纳，同年 6 月 10 日举行迁都庆典。2019 年 3 月，哈萨克斯坦议会通过宪法修正案，将阿斯塔纳更名为努尔苏丹。

阿拉木图市在 1929—1997 年 10 月间为哈萨克斯坦首都，位于哈萨克斯坦东南部、外伊犁阿拉套山北侧山麓。面积 200 平方千米，人 150.75 万。为哈国内经济、文化、教育中心，国际化程度最高的城市。

苏联时期，哈萨克斯坦分成东、南、西、北、中五个经济区。独立后，在向市场经济转型中，哈萨克斯坦根据本国特点将全国分成以下八个经济区。

1. 北哈萨克斯坦经济区

北哈萨克斯坦经济区由北哈萨克斯坦州和科斯塔奈州组成。该经济区是国内发达地区之一，农业和工业均比较发达。工业以采矿工业和轻工业、食品工业为主。主要工业中心有科斯塔奈、彼得罗巴甫洛夫斯克等。

2. 东哈萨克斯坦经济区

东哈萨克斯坦经济区由东哈萨克斯坦州组成。该经济区为哈萨克斯坦工业发达地区，有色金属、采煤、水力发电、畜产品加工为其强项。主要工业中心有乌斯季卡缅诺戈尔斯克、塞米巴拉金斯克、鲁德内阿尔泰市等。该经济区与中国新疆毗邻。

3. 东北哈萨克斯坦经济区

东北哈萨克斯坦经济区由巴甫洛达尔州组成。该经济区以煤炭、冶金、石油加工、机器制造、电力工业为主，种植业和畜牧业也很发达。主要工业集中在巴甫洛达尔-埃基巴斯图兹区域生产综合体中。埃基巴兹煤田是世界著名煤田之一。

4. 东南哈萨克斯坦经济区

东南哈萨克斯坦经济区由阿拉木图州和阿拉木图市组成。该经济区拥有机器制造、农工综合体、轻工、食品和有色金属工业等产业。主要工业中心为阿拉木图市和塔尔迪库尔干市。该经济区也与中国新疆毗邻。

5. 南哈萨克斯坦经济区

南哈萨克斯坦经济区由江布尔州、南哈萨克斯坦州、克孜勒奥尔达州组成。该经济区为哈萨克斯坦灌溉农业区，盛产各种粮食和经济作物。养羊和养蚕业也很发达。工业以机器制造、有色金属冶炼、化学和石油化工、轻工业和食品工业为主。主要工业中心有希姆肯特、塔拉兹、克孜勒奥尔达市。

6. 西南哈萨克斯坦经济区

西南哈萨克斯坦经济区由阿特劳州和曼吉斯套州组成。该经济区是哈萨克斯坦石油和天然气主要产区，有石油开采、石油加工和石化工业。渔业也很发达。濒临里海增加了该地区的重要性。主要工业中心有阿特劳、阿克套、新乌津市等。

7. 西北哈萨克斯坦经济区

西北哈萨克斯坦经济区由阿克托别州和西哈萨克斯坦州组成。该经济区以采矿、化学、石油开采、轻工业、食品工业为主，畜牧业也很发达。主要工业中心有阿克托别市、乌拉尔市。

8. 中哈萨克斯坦经济区

中哈萨克斯坦经济区由阿克莫拉州、卡拉干达州和努尔苏丹市组成。该经济区为哈萨克斯坦最大工业区，其强项为煤炭工业。有色金属工业、化学工业和矿山机器制造也较发达。主要工业中心有卡拉干达、努尔苏丹、铁米尔套、热兹卡兹甘、巴尔喀什市。

从现代区域政策的角度可将哈萨克斯坦地区分为四类：

（1）拥有巨大的和重要战略矿产资源地区（阿特劳州、曼吉斯套州、阿克托别州、西哈萨克斯坦州、卡拉干达州和江布尔州）；

（2）资源相对有限地区，但拥有大型加工基础设施（卡拉干达州、巴甫洛达尔州、东哈萨克斯坦州和北哈萨克斯坦、阿拉木图州）；

（3）发达的农业生产地区（科斯塔奈州、南哈萨克斯坦州、阿特劳州、阿克莫拉州、塔尔迪库尔干-阿拉木图地区）

（4）大面积的贫困地区（塞米巴拉金斯克地区、克孜勒奥尔达州）。

从人口规模、产业结构和发展方面来看，哈萨克斯坦区域发展水平存在着明显的差异。总体上看，东南部的阿拉木图州及南部的江布尔州、南哈萨克斯坦州在经济和产业结构上是所有哈萨克斯坦州区中发展最不好的。同时，这一地区也是人口最密集地区，农业占经济的比重非常高，投资也少。居民生活水平较低，生活在农村地区的大部分人口几乎没有医疗保健。教育和培训机构也因庞大的预算或倒闭或无人问津。与此相反，位于哈萨克斯坦西南部的阿特劳州和曼吉斯套州，因其拥有重要战略价值的矿产资源得到蓬勃发展。这两个地区的石油开采量占全哈萨克斯坦的70%。近年来，阿特劳州和曼吉斯套州吸引来了大量外资，财政收入可观。克孜勒奥尔达州、阿克托别州和西哈萨克斯坦州尽管拥有石油资源，但依然是经济薄弱地区，这些地区人口密度非常低，基本上没有大型城市。由于极端的气候条件而没有自己的农业，大部分地区的环境遭到破坏，教育和卫生系统发展滞后。东北部的科斯塔奈州、阿克莫拉州、北哈萨克斯坦州和塞米巴拉金斯克地区，作为原来的经济强州，由于农业和工业生产下降失去了影响力。在高度城市化的卡拉干达州和巴甫洛达尔州，社会条件要好得多。

第二章　简史

　　哈萨克斯坦很早就有人类活动。在哈萨克草原上，曾发现出土了大批旧石器时代和新石器时代的人类遗址。哈萨克斯坦经历了青铜器时代、部落联盟和早期的民族国家形式。此后，希腊文化、波斯文化、中华文化、伊斯兰文化乃至近代的斯拉夫文化都曾影响过这一地区，在不同部落和氏族的相互融合和相互影响下，到了15世纪，出现了哈萨克人建立的民族国家政权——哈萨克汗国，近代哈萨克民族形成。19世纪60年代哈萨克汗国被沙俄吞并。十月革命后，哈萨克斯坦先成为俄罗斯联邦的一个自治共和国，后成为苏联的一个加盟共和国。1990年10月25日，哈萨克斯坦宣布拥有国家主权，1991年12月16日宣布独立。

第一节　古代时期

　　哈萨克斯坦考古学家发现的最早人类生活遗址在南部卡拉套山区，距今1万～4万年，为旧石器时代。其中最著名的是丘拉克库尔干村以西的阿奇萨遗址。在哈萨克斯坦中部安德罗诺沃村附近的古墓中发现了大量青铜器时代的文物，后又陆续发现30多个居民点、150多个古墓，这表明哈萨克斯坦在当时已拥有较高的建筑工艺。青铜器时代之后，哈萨克斯坦境内出现了氏族部落和部落联盟。位于咸海附近和"七河流域"的塞种人是这一时期的代表。塞种人又称萨迦人或塞凯人，是古代中亚细亚东北地区的游牧民族，在中国史籍中亦有所提及。

公元前6世纪左右，中亚大部分地区都处于波斯人建立的阿赫门王朝的统治下，波斯文化在这一时期对中亚地区的影响很大。但阿赫门王朝的统治并没有改变这一地区各民族内部的传统、风俗习惯和社会制度。公元前4世纪后半期，马其顿国王亚历山大东征，打败了波斯军队，中亚地区被纳入希腊的统治范围。大量的希腊人、马其顿人涌入中亚地区，带来了希腊的文化和习惯。塞琉古王朝时期，中亚地区的希腊化进一步加深。公元前256年，巴克特里亚脱离塞琉古王朝。公元前248年，来自中亚草原的伊朗语族的游牧部落达赫人攻入帕尔提亚，建立安息王朝。今日中亚的大部分地区都处于这两个王朝的统治和影响之下。公元前2世纪中期，希腊王国巴克特里亚遭月氏入侵而灭亡，大月氏将其国分为五部翎侯（高级的部落首领）统辖。1世纪前期，五部翎侯之一的贵霜翎侯攻灭其他四部翎侯，建立贵霜帝国。贵霜帝国在3世纪后走向衰落。兴起于阿尔泰山以南、天山东部地区的呋哒逐渐强大起来，他们循着月氏西迁的道路来到索格狄亚那（即粟特）后，很快就攻灭了贵霜帝国。之后，呋哒人又进一步攻占了中亚广大地区，迅速崛起为中亚强国口。

但与此同时，在中亚还存在着游牧部落建立的国家，如大宛（费尔干纳）、康居（锡尔河下游以北）、奄蔡（咸海和里海之间）、花剌子模、乌孙（伊赛克湖、伊犁河流域）等国。其中，乌孙和康居是这一时期哈萨克的先民所建立的两个较大的国家。公元前2世纪，生活在伊犁河和"七河流域"的主要是乌孙人，他们融合原先居住在这里的塞种人和月氏人，成为哈萨克人的先祖之一。中国史书称这一部落联盟为"乌孙国"。在哈萨克斯坦南部锡尔河中游地区还生活着康居人，他们也是哈萨克人的先祖之一。康居人长期控制沿锡尔河从费尔干纳到靠近咸海的一段。与中国、安息、罗马帝国、贵霜帝国均保持着政治、经济、文化上的密切联系。

随着匈奴人建立的突厥汗国，主要是西突厥汗国向西征服，6世纪中期，西突厥汗国进入七河流域。突厥部落来到哈萨克草原，并开始与草原上的古老部族融合，突厥语成为草原上的主要语言。塞种人和哈萨克斯坦其他古老居民很快与突厥人融合，突厥语开始成为主要语言。匈奴人将畜牧业带进哈萨克斯坦，畜牧业也因此成为哈萨克人的主要生产方式。

第二节　中世纪时期

哈萨克斯坦的中世纪史，是多民族迁徙聚合、多民族国家交替主宰该地区的历史。突厥汗国灭亡以后，突厥部族逐渐在草原兴起，其中突骑施是最强大的一支。西突厥汗国为唐所灭后，突骑施得到迅速发展，在伊犁河流域和七河流域建立了突骑施汗国。该政权一直维持到8世纪中期。756年，突骑施部落被葛逻禄部落所取代，在原突骑施的土地上建立起葛逻禄汗国，突骑施统治下的古代哈萨克诸部又处于葛逻禄政权的管辖之下。后来，葛逻禄汗国又联合回纥及样磨等部落，建立了黑汗王朝，其疆域包括伊利在内的中亚广大地区。游牧部落的畜牧业成为这一地区居民的主要生产方式。737—748年，阿拉伯人占据哈萨克斯坦南部，伊斯兰教从此开始传播，并成为哈萨克斯坦最主要的宗教。8—10世纪，葛逻禄各部落分散在哈萨克斯坦广阔土地上：从准噶尔阿拉套山到锡尔河中游地区，巴尔喀什湖和伊塞克湖之间，伊犁河、楚河、塔拉兹河河谷以及天山支脉。940年，葛逻禄部落开始衰落，逐渐为喀喇汗王朝所取代。

10—13世纪，另一信奉伊斯兰教的突厥语族建立的喀喇汗王朝开始兴起，到998年，阿赫马德继位喀喇汗王朝的大可汗时，境内的突厥语部落已经基本信奉了伊斯兰教。11世纪末12世纪初，喀喇汗王朝衰落，哈萨克斯坦南部和东南部地区战乱不断。1130年，耶律大石率领的喀喇契丹（中国史书称为西辽）率部西进，并征服沿途各部落。1137年，在锡尔河谷底打败了喀喇汗王朝的军队，建立了喀喇契丹汗国，取而代之成为这一地区的统治者。此后，喀喇契丹通过战争，完全征服了中亚各国。中亚地区的喀喇汗王朝、花剌子模向喀喇契丹汗国称臣。

12世纪末在中亚地区和哈萨克草原上。各部落联盟为争夺统治权相互厮杀。而此时在蒙古草原，铁木真部开始兴起。1206年草原各部落在斡难河召开大会，接受成吉思汗的称号。1219年，成吉思汗率大军征讨花剌子模，很快占据"七河流域"。1220年，成吉思汗率部向西征讨。1219—1224年包括哈萨克斯坦在内的中亚地区被陆续征服，成为蒙古帝国的一部分。此后，蒙古帝国分为四大汗国，哈萨克斯坦的大部分区域和人民都处于成吉思汗的孙子拔都建立的钦察汗国（金帐汗国）的统治之下。金帐汗国东起额尔齐斯河，西到斡罗思，南起巴尔喀什湖、里海、黑海，北到北极圈。14世纪初，从金帐汗国分裂出蓝帐汗国和白帐汗国。14世纪末，金帐汗国衰落，白帐汗国逐渐强盛起来，其主要成员为哈萨克部落。1428年，白帐汗国瓦解，其居民大部分归附阿布海尔汗国。金帐汗国的建立，进一步促进了哈萨克草原的民族融合，为近代哈萨克民族的形成奠定了基础。

第三节　哈萨克汗国时期

　　15—16世纪，中亚地区发生了重大的历史变动，其主要标志是金帐汗国的分裂和一系列游牧民族建立的封建汗国的出现。早在14世纪初，金帐汗国就一分为二，分别是西部的蓝帐汗国和东部的白帐汗国。白帐汗国的成员即为哈萨克部落。1428年，白帐汗国瓦解，阿布海尔汗国建立，原白帐汗国的成员克烈汗和贾尼别克汗在反抗阿布海尔汗国失败后，带领族人东迁，来到楚河和塔拉斯河流域，逐渐发展成为地域广阔的哈萨克汗国。1480年，克烈汗的儿子成为统一的哈萨克汗国的第一位汗王。从此，哈萨克人逐渐发展成为一个单独的民族。"哈萨克"成为这个民族的正式称谓。

　　当然，哈萨克民族的历史要远远早于哈萨克汗国的历史。哈萨克族是由古代生活在哈萨克草原上的许多部落和部族逐步融合而成的。从族源上看，哈萨克族的族源主要有塞种、乌孙、匈奴、康居、奄蔡、克烈、乃蛮、咄陆、突骑施、葛逻禄、札剌儿亦儿、弘吉剌惕、阿尔根、阿里钦、克普恰克等。

　　哈萨克汗国的最高统治者称为汗，下面是苏丹、贵族阶层，信仰伊斯兰教之后，又增加了"圣裔"。此外，在草原上英雄享有很高的声誉和地位。哈萨克社会中，最基层的单位是由具有血缘关系的家庭所组成的阿吾尔，由阿克萨卡勒（意为白胡子）领导。

　　在哈萨克汗国历史上曾先后出现过一些著名的汗王，如哈斯木汗、哈克·纳扎尔汗、塔吾克勒汗、额什木汗、头克汗等，在这些汗王的领导下，哈萨克汗国存在两百多年，直到沙俄在哈萨克草原建立殖民统治。

哈斯木汗是哈萨克汗国初期一位有所作为的可汗，他以哈萨克部落的宗法世袭制度与习惯法为依据，参照某些伊斯兰法规，建立了哈萨克汗国的政治体制，并颁布了哈萨克汗国历史上第一部法典《哈斯木汗法典》，这对于巩固哈萨克汗国的政治体制、促进新兴的哈萨克民族的发展壮大发挥了重要作用。

哈克·纳扎尔汗在位时期（1538—1580年），哈萨克汗国政权巩固、社会稳定。因此这一时期被视为哈萨克汗国的中兴时期。

额什木汗是继哈克·纳扎尔汗之后，哈萨克汗国又一位在位时间较长的汗王（1598—1645年），额什木汗在位期间，力图消除哈萨克汗国内部分裂的局面。1627年，额什木汗率军打败塔什干的吐尔逊·穆罕默德势力，哈萨克汗国又重新趋于统一。此外，额什木汗在原来《哈斯木汗法典》基础上又颁布了《额什木汗习惯法典》。

哈萨克汗国在形成的过程中，由于缺乏统一的中央集权，逐渐形成了东、中、西三部分：这三部分被称为大玉兹、中玉兹、小玉兹。大玉兹主要位于七河流域（楚河、塔拉斯河、伊犁河等），在哈萨克大玉兹中，主要由构成哈萨克民族的最古老部落如乌孙、康里、咄陆等组成；西部哈萨克草原各部落与中部哈萨克人相分离，形成了一个单独的部分，这个部落联盟被称为小玉兹；而位于哈萨克草原中部的哈克·纳扎尔汗的继任者所领导的那部分哈萨克人的居住地被称为中玉兹。

1680年，扬吉尔汗之子、哈萨克汗国历史上最著名的头克汗继位（1680—1718年）。头克汗逐渐巩固和加强了哈萨克汗王的中央集权，至18世纪初，哈萨克汗国内部基本实现了统一，哈萨克人的力量也因此而加强。头克汗任命三个人分别管辖三个玉兹，即以图列管辖大玉兹、以卡兹别克管辖中玉兹、以文佳克管辖小玉兹，头克汗本人驻在突厥斯坦。哈萨克统一的法规制度《头克法典》也在这一时期形成。

准噶尔的入侵被哈萨克斯坦史书称为"大灾难时期"。1681年起，准噶尔汗国向哈萨克人发起连续不断的进攻。1718年春，准噶尔军队与哈萨克人在阿亚古斯河畔激战，哈萨克人惨败。头克汗去世后，哈萨克汗国又陷入分裂的局面。1730年，哈萨克汗国形成了三个玉兹分裂的局面。在哈萨克汗国内交外困的时刻，沙皇俄国逐渐向哈萨克草原扩张。19世纪60年代，哈萨克草原最终被沙俄征服，哈萨克历史开始进入沙俄统治时期。

第四节　沙俄统治时期

18世纪，沙皇俄国向中亚扩张，沙俄对哈萨克草原的扩张采取了武力推进和政治诱迫两种手段。建筑堡垒是沙俄向哈萨克草原推进的主要标志。在政治诱迫上，沙俄利用头克汗之后哈萨克汗国为汗位争夺不休的有利时机，强迫小玉兹的首领于1732年向沙皇宣誓效忠。1742年，中玉兹的首领也宣布归顺沙俄。进入19世纪，沙俄加紧对小玉兹的控制和实际占有，1824年小玉兹被沙俄吞并。这样，到18世纪后半叶，沙俄通过武力和签订不平等条约将当时属于中国今归哈萨克斯坦和吉尔吉斯斯坦的巴尔喀什湖以东、以南的十多万平方千米的土地并入自己的版图。浩罕汗国势力在中亚兴起后，与大玉兹的哈萨克人冲突不断。大玉兹在浩罕汗国的进攻下瓦解，其领土大部分被浩罕汗国所兼并，大玉兹的哈萨克人一部分留在故地被浩罕汗国所统治，一部分进入中国，一部分进入俄国。1876年，沙俄吞并浩罕汗国，原大玉兹的领地也随之并入沙俄版图。由此，沙俄完成了对哈萨克草原的吞并。

1822年，沙俄政府颁布了《西西伯利亚吉尔吉斯人条例》，这标志着沙俄对哈萨克草原兼并的基本完成。条例的主要内容包括：废止中玉兹世袭的汗王制度，建立由俄国政府任命的阿克苏丹制度；中玉兹领土改称为俄国鄂木斯克省外围区，由西西伯利亚总督直接管辖；其他内容还包括外围区下设波勒斯（乡）、阿吾勒（村），其官员在当地人中选举产生，并由沙俄政府任命，按沙俄政府旨意办事；设立警察制度；用俄国习惯法代替哈萨克习惯法等。1842年，又在小玉兹推行《西西伯利亚条例》。此后，1848年俄国政府颁布了《大玉兹吉尔吉斯人的管理及谢米列契边区的管理条例》；1869—1870年颁布了《草原和突厥斯坦边区管理条例》，将俄国内地的管理办法全部搬到了哈萨克斯坦。1870年，哈萨克斯坦被分成6个州：阿克莫拉州、塞米巴拉金斯克州、七河州、乌拉尔州、图尔盖州和锡尔河州。下设县、波勒斯（乡）、阿吾勒（村）。

　　随着俄军的推进和占领，大批俄罗斯移民从西部迁来。仅1891—1892年就有100多万俄罗斯人迁至哈萨克草原。1897年，哈萨克斯坦土地上的哈萨克人占81.1%，俄罗斯人占11%。到1914年，哈萨克人降至58.5%，俄罗斯人达到29.6%。

　　沙俄的殖民统治不仅加重了哈萨克人的负担，引发了哈萨克人反抗沙俄殖民统治的起义斗争。沙俄政府在镇压哈萨克人民的反抗斗争中，不断强化对哈萨克草原的殖民统治。一方面，通过出台各种条例和法规，加强对哈萨克草原的统治；另一方面，有组织地向哈萨克草原移民。到1914年，俄国移民占有的哈萨克土地总面积达到了4 100万俄亩。原来哈萨克人游牧的草原、耕地被改建成移民区。沙俄的殖民统治受到了哈萨克人强烈的抵抗和反抗。1916年，沙俄政府颁布的有关征集哈萨克人服兵役的《征集法》更是引发了哈萨克人声势浩大的反俄起义。在反抗沙俄殖民统治的斗争中，一批在俄国受到教育的哈萨克族知识分子回到草原，带来了资产阶级民族主义的思想，其中包括乔坎·瓦里汗诺夫、易卜拉欣·艾勒廷萨林和阿拜·库南巴耶夫。1917年俄国爆发二月革命后，他们中的多数人成为俄国资产阶级临时政府在哈萨克斯坦的代理人，1917年7月，哈萨克斯坦的资产阶级民族主义政党阿拉什党在奥伦堡建立。

第五节　哈萨克苏维埃社会主义加盟共和国时期

　　1917年俄国爆发二月革命，在哈萨克斯坦掀起了反对沙俄殖民统治的全民起义。1917年7月，资产阶级的民族主义政党阿拉什党在奥伦堡成立。随着革命的进展，哈萨克斯坦各州县的农民及农牧民苏维埃迅速建立。十月革命后，资产阶级的"阿拉什"政府与白卫军站在一起，反对苏维埃政权。

　　1918年夏秋之际，苏俄红军组建东方战线向白俄高尔察克部发起猛烈进攻。到1919年7月，苏维埃完全控制了哈萨克斯坦的局势。

1920年8月26日，俄共（布）中央执行委员会和俄罗斯联邦人民委员会颁布法令，创建吉尔吉斯（即哈萨克）苏维埃社会主义自治共和国，首都为奥伦堡。10月4日，在奥伦堡召开了共和国第一届代表大会。1924年，苏联政府完成了在中亚地区的民族划界工作，将原突厥共和国哈萨克族分布集中的锡尔河省和七河省划给哈萨克斯坦。1925年，哈萨克斯坦恢复了历史名称——哈萨克苏维埃社会主义自治共和国（简称"哈萨克自治共和国"）。1928年，哈萨克自治共和国进行了新的行政领土划分，全国分为13个州和193个区，首府为阿拉木图。

1928年，苏联开始实施第一个五年计划。哈萨克自治共和国的工农业建设也随之展开。苏共中央在哈萨克自治共和国采取的是由封建主义跨越资本主义直接建设社会主义的发展战略，"一五"建设期间，对哈萨克自治共和国工业领域投资15万亿卢布，集中发展有色金属、煤炭、电力、铁路等能源和交通部门。大批技术工人、干部和工程技术人员来到哈萨克自治共和国，促进了哈萨克自治共和国采油、采矿以及煤炭工业的发展。通过"工业化"建设，到1940年卫国战争爆发前，哈萨克共和国的有色金属产量已经跃居全苏第一位，卡拉干达采煤业的机械化水平和煤产量增长速度居全苏首位，石油产量在全苏占第三位。这一时期，哈萨克共和国的交通业也发展迅速，铁路、公路和空运、水运以及通信等都有长足进步。

在发展工业的同时，苏联在哈萨克自治共和国也开展了农业合作化与集体农庄运动。1924年4月，苏共中央批准《吉尔吉斯（哈）共和国游牧、半游牧和向定居转变的居民土地规划条例》，统一规划使用国有土地。在农业合作化的同时，苏共中央也加快了哈萨克自治共和国农业集体化的发展，到1930年12月，农业区加入集体农庄的农户比例达到了40.6%。至1932年底，243万游牧、半游牧牧民转向了定居。

1936年12月5日，按照苏联新宪法，哈萨克自治共和国作为加盟共和国加入苏联，定名为"哈萨克苏维埃社会主义共和国"（简称"哈萨克共和国"）。

卫国战争期间，哈萨克共和国为卫国战争的胜利做出了巨大的牺牲，大批青壮年男子奔赴前线参战。据统计，当时哈萨克共和国共有人口620万，而直接参战的就有119.6万人。此外，还有67万人参加了军事工业劳动。卫国战争期间，作为大后方，哈萨克共和国接受了苏联有计划地向东部地区的移民，哈萨克共和国的人口数量和民族构成由此发生了很大的变化。超过50万的俄罗斯族人随着东迁的工厂企业、研究机构和高等院校来到了哈萨克共和国。卫国战争期间，苏联西部战区的大批工业企业和机器设备也迁入哈萨克共和国，仅在阿拉木图就安置了34个工厂或车间的设备，这客观上为哈萨克共和国的工业，特别是机器制造业的发展奠定了基础。

第二次世界大战结束后，苏联面临的主要任务是改造战时经济，使之尽快转入和平建设的轨道。1946年，苏联开始进行第四个五年计划，重工业仍是哈萨克共和国的优先发展方向。此外，也相应发展了一批轻工及食品加工工业项目。在农业领域，哈萨克共和国对农牧区集体农庄的工作进行了调整，中止了30代中期开始的过激行为，但哈萨克农牧民的生活水平仍然很低。

20世纪50年代到80年代，哈萨克共和国的经济建设是在苏联第五个至第十个五年计划的整体规划下进行的，取得了工业经济的增长以及全民开荒和农牧业经济的发展。在农业方面，开垦荒地一直是哈萨克斯坦农业发展的主要形式，1946—1953年哈萨克斯坦全境内平均每年新开发的土地超过45万公顷。到60年代上半叶，共开垦了约2 550万公顷，占全苏总垦荒面积的61%，新建了大批大型的国有农场，哈萨克斯坦的粮食产量大幅提高。

然而，哈萨克斯坦工农业在取得一系列成就的同时也面临不少问题。哈萨克斯坦境内的各类区域生产综合体均属于苏共中央各部或主管部门，实行高度集中的计划经济，企业缺乏自主权，这种弊端在20世纪80年代开始显现。在第十一个五年计划中，哈萨克斯坦的工业计划中的一些任务未能完成，产值在全苏排名最低。1990年，哈萨克斯坦的煤炭、石油、钢材、发电量等数字同比均有所下降，粮食产量也大幅下降。畜牧业中，幼畜成活率降低，主要畜产品收购也比1989年有所减少。

20世纪80年代，苏联的社会政治经济危机日益严重，哈萨克共和国的状况也堪忧。此外，整个80年代也是哈萨克斯坦民族矛盾凸显的时期。1986年底，因不满俄罗斯人担任哈共第一书记，在首都阿拉木图爆发了大规模游行示威活动，并导致流血事件发生。

随着苏联政治改革的深入，戈尔巴乔夫和苏共中央逐渐失去了对改革的掌控。波罗的海三国最先爆发分离主义运动。此后，俄罗斯、乌克兰、白俄罗斯也发表主权宣言，其他加盟共和国也群起效仿。1990年4月24日，纳扎尔巴耶夫当选为哈萨克斯坦共和国首任总统。1990年10月25日，哈萨克斯坦最高苏维埃通过"国家主权宣言"，宣布"哈萨克苏维埃社会主义加盟共和国在本共和国内拥有至高无上的、独立的和全部的权力"。1991年12月16日，哈萨克斯坦宣布国家独立。

第三章　政治

第一节　国家标志

1. 国名

哈萨克斯坦共和国，简称哈萨克斯坦，是一个位于中亚的内陆国家，也是世界上最大的内陆国。哈萨克斯坦的国名来自其主体民族哈萨克族。学者多认为"哈萨克"名称最早出现于15世纪初期。15世纪20年代，在金帐汗国东部出现了乌孜别克汗国，以锡尔河下游为中心，北至托博尔河，东北至额尔齐斯河。1456年，汗国有两个苏尔坦（吉来和扎尼别克），由于内讧向东逃入亦力把里统属地区，亦力把里把楚河、塔拉斯河流域西七河区让给他们游牧，以增强自己的实力。这一部分脱离乌孜别克汗国的人被称为哈萨克人，意为"避难者"或"脱离者"。

公元766年，突厥部落的葛逻禄在今哈萨克斯坦东部建立叶护国。8世纪南部被阿拉伯人与萨曼王朝占领，9世纪至12世纪时，西部和西南部、南部和北部先后加入乌古斯、黑汗和基马克、钦察等国。12世纪上半叶，遭契丹人的入侵（西辽）。13世纪初，被蒙古人征服并受金帐汗国控制。

15世纪今哈萨克斯坦的大部分土地从金帐汗国分离，成为月即别汗国的一部分，随后一些部落脱离月即别汗国的统治，被称为"逃亡者""脱离者"，并逐步形成了哈萨克族。16世纪初，哈萨克族分为大玉兹、中玉兹、小玉兹三个汗国。

17世纪中亚新兴起一个强大的游牧政权——漠西蒙古建立的准噶尔汗国。在准噶尔汗国的侵略下，小玉兹于1730年9月派遣使团请求俄国接受其加入俄国；1735年12月中玉兹也加入俄国；而大玉兹则被准噶尔汗国吞并。但准噶尔汗国于1757年亡于更强大的清帝国，于是大玉兹成为清帝国的藩属，因准噶尔在长期与清朝的战争中人口锐减，加上疾病的爆发，准噶尔在今天的巴尔喀什湖以东以南消失。哈萨克人因沙俄对中亚的侵略逐步向巴尔喀什湖以东以南水草丰盛、人烟稀少的清帝国迁徙。

19世纪清帝国于鸦片战争后国势衰微，于是俄国趁机于1864年强占巴尔喀什湖以东以南的清帝国土地，至此今天的哈萨克斯坦的大部都归俄国所有。1917年12月13日因俄国革命，今天的哈萨克斯坦大部分土地成为脱离俄国统治暂时独立的阿拉什自治共和国的一部分。1920年8月26日，吉尔吉斯苏维埃社会主义自治共和国成立，属俄罗斯联邦。1925年4月19日，中亚各国按民族划界，改称哈萨克苏维埃社会主义自治共和国。1936年定名为哈萨克苏维埃社会主义共和国，成为苏联加盟共和国。1990年10月25日，发表主权宣言。1991年12月10日，改称为哈萨克斯坦共和国。1991年12月16日，宣布独立。同年12月21日加入独联体。

2. 国旗

哈萨克斯坦国旗呈长方形，长与宽之比为2:1。旗底为浅蓝色，旗面中间是一轮金色的太阳，太阳放射出32道光芒，其下有一只展翅飞翔的雄鹰。靠近旗杆一侧有一垂直竖条，为哈萨克传统的金色花纹图案。浅蓝色是哈萨克人民喜爱的传统颜色，代表天空，也象征康乐、和平、宁静。哈萨克斯坦于1991年12月独立后采用此国旗，1992年6月4日正式启用。

3. 国徽

哈萨克斯坦国徽启用于1992年6月4日，为圆形，以蓝、金两色为主色。国徽突出表现哈萨克人传统的金色毛毡圆顶帐篷、饰带代表凌空飞扬的骏马，象征游牧生活，底部饰带上是哈萨克文国名"哈萨克斯坦"。

4. 国花和国鸟

哈萨克斯坦的国花是郁金香，境内四季均有郁金香开放，这也正是哈萨克斯坦把其定为国花的一个重要原因。国鸟是金雕，它象征着哈萨克民族的自由和豪放。

第二节　　宪法

宪法是国家的根本大法，是治国安邦的总章程，适用于国家全体公民，是特定社会政治经济和思想文化条件综合作用的产物，集中反映各种政治力量的实际对比关系，确认革命胜利成果和现实的民主政治，规定国家的根本任务和根本制度，即社会制度、国家制度的原则和国家政权的组织以及公民的基本权利和义务等内容。

哈萨克斯坦现行宪法是1995年通过的。1995年宪法是哈萨克斯坦民主的起点，也是发展的新基石。1995年8月30日，哈萨克斯坦经全民公决通过了现行的宪法。为纪念这个历史性的日子，哈萨克斯坦将每年的8月30日定为宪法日。1995年宪法的通过，使哈萨克斯坦最终选定了未来的发展道路。从某种意义上说，1995年通过的宪法已成为哈萨克斯坦实施改革的强大助推器。在很多方面，由于宪法的各项规定，这个年轻国家的经济和政治在短期内取得了很大的成绩并且实现了族际间的稳定。现行宪法的通过为哈萨克斯坦经济改革实施亮起了绿灯，两院制议会取代了最高苏维埃。

哈萨克斯坦1995年宪法具有以下特点：

第一，彻底解决了政体形式问题。1993年宪法对哈萨克斯坦是总统制共和国还是议会制共和国没有做出清晰的回答，1995年宪法宣布哈萨克斯坦为总统制单一制共和国并确认了总统的最高权力。宪法确立了两院制的议会，总统有权在任何时候解散议会。并在宪法《总则》中确认了三权分立原则，以此为基础组建了国家权力机关体系。

第二，改革了司法系统。在改革过程中将一般法庭和仲裁法庭系统实行了合并。在法律上明确了法庭和法官的地位，增强了对依法行使审判权的法律保障。特别应该注意的是，1995年宪法首次建立了宪法委员会以取代原有的宪法法院。

第三，规定了确定政府的地位及其权限的新方法。政府对执行机关系统进行领导，指导它们的活动，独立做出管理方面的决定，同时对经济和社会领域的状况承担全部责任。新宪法承认了地方自治制度，地方自治的责任是保障国民独立解决地方性问题。

第四，语言问题的圆满解决。1995年宪法使各民族利益得到了满足。在宪法中规定："在哈萨克斯坦共和国哈萨克语是国语。在国家组织和地方自治机构中，俄语是与哈萨克语同等的官方语言。国家努力为研究和发展哈萨克斯坦各族人民的语言创造条件。"

第五，首次宣布了意识形态多元化和政治多元化。这条准则的前提是政党和其他社会联合组织的活动自由。哈萨克斯坦《宪法》的演化趋势总体上符合世界宪政发展的趋势，增加了宪法关注的内容，特别关注了人的权利和自由，加强了公民社会的宪政基础，突出了国际法的优先权。

第六，对国有财产和私有财产同样予以保护。同等保护国有财产和私有财产的原则具有重大的现实意义，也就是说给予各种所有制形式平等的地位。同时，1995年宪法合理解决了土地问题。明确指出，土地可以在法律所规定的基础条件和范围内由私人占有。

第七，宣布了国家实际保护的权利：劳动和企业经营自由，法律规定的免费医疗救助，免费中等教育；宗教信仰自由；表达了与现代市场经济原则相符合的宪法权利，公民自由和义务的实质及内涵。制定出了新的法律，建立起了新的宪法权利。

1995年宪法为哈萨克斯坦各项经济改革注入了新的动力，为实现议会和政府活动的高效，为建立规范的法律基础和法律空间提供了保障，使他们的活动在过去和现在都符合当代市场关系的要求。宣布了国家实际保护的权利：劳动和企业经营自由；法律规定的免费医疗救助，免费中等教育；宗教信仰自由。保障在竞争基础上享受高等教育，年老以及在生病、伤残和失去供养人时享有社会保障等。现今

《宪法》所规定的这些权利已经落实到具体的法律条文中，并实实在在地进入人们的日常生活中。《宪法》确立了一个人基本的权利和自由，保证了哈萨克斯坦公民的权利平等，从而促使基本的民主原则走进社会政治生活。总之，1995年《宪法》是哈萨克斯坦民主的起点，也是新的基石。

1998年3月24日颁布的哈萨克斯坦《规范法律条文法》中规定，哈萨克斯坦共和国的宪法具有最高法律效力。在宪法的框架之下，其他的规范法律条文按照以下等级排列：（1）修改和补充宪法的法律；（2）哈萨克斯坦共和国宪法法律和具有宪法法律效力的总统令；（3）哈萨克斯坦共和国法典；（4）哈萨克斯坦共和国法律和具有法律效力的总统令；（5）哈萨克斯坦共和国议会和其两院的规范决议；（6）哈萨克斯坦共和国总统的规范法令；（7）哈萨克斯坦共和国政府的规范法令；（8）哈萨克斯坦共和国部长和中央国家机关其他领导的规范法令，哈萨克斯坦共和国中央国家机关和中央选举委员会的规范法律决议；（9）中央国家机关各部门领导的规范法令；（10）下议院（地方代表机关）的规范法律决定，地方政府（地方执行机关）的规范法律决议，地方政府领导的规范法律决定。如果在不同级的标准法律条文中出现矛盾之处，以上一级的条文规范为准；如果在同一级的规范法律条文里出现相抵触的条款，则以最新发布的条文为准。哈萨克斯坦共和国宪法委员会和最高法院的规范法令不在以上等级范围之内。哈萨克斯坦共和国宪法委员会的规范法令必须以哈萨克斯坦共和国的宪法为依据，而且任何规范法律条文都不能违背宪法。因此，《宪法》是哈萨克斯坦国家法律体系及立法进一步发展的核心和基础。

哈萨克斯坦在完善国家立法方面做了大量工作。2007年5月，修改国家宪法成为立法工作的重要内容。哈萨克斯坦2010年担任欧安组织轮值主席国期间，借鉴欧洲的有益经验完善了哈萨克斯坦的法律制度。主要有：完善哈萨克斯坦政治和国体模式；研究管理国家机构和干部的有效体系；实现国家政治生活的自由化。这其中包括完善选举法、政党法、大众传媒法，改革国家机关、司法体系和其他社会关系领域，通过参考欧洲标准，完善本国的法律。

哈萨克斯坦宪法制度是在继承苏联法律制度的基础上，结合本国国情、融合其他国家的宪政制度而形成的混合宪法制度，它是传统的国家法律遗产和外国宪政经验的产物。

正如哈萨克斯坦 1995 年《宪法》第一章、总则第 1 条所规定那样："哈萨克斯坦共和国是民主的、世俗的（政教分离的）、法制的和公民的国家。其最高价值为人，人的生命，人的权利和自由。"这意味着哈萨克斯坦在沿着建设国家的道路前进。《宪法》是国家政治和法律生活的一面镜子，它确立了公民、基本社会元素和国家机构的法律地位。哈萨克斯坦 1995 年《宪法》已成为个人、社会和政权之间特殊的社会契约，在哈萨克斯坦具有至高无上的地位。

第三节　政党与社会组织

目前在哈萨克斯坦，作为现代国家政治制度基本内容之一的政党制度历经近 20 年的变迁，已经基本形成了多党制的政党模式，其中最具影响力的是以纳扎尔巴耶夫为领袖的祖国之光党，掌控着国家立法机构和行政机构，反对党对哈萨克斯坦国内政治的影响力则日渐下降。

独立后的哈萨克斯坦曾经深受西方国家发展模式的吸引，并引入激进的改革方案，但实际效果并不尽如人意。经过 1993—1994 年的政治斗争，哈萨克斯坦开始寻找适合本国国情的发展道路。1995 年第二次修宪成功后，一种有关哈萨克斯坦发展道路具有特殊性的观念开始在国内普及。

从哈萨克斯坦政党发展情况来看，从 1991 年 12 月共和国宣布独立到 1999 年，大致经历了三个发展阶段，这三个阶段形成了哈国内政党、运动和社会政治组织成立和重新组合的三次高潮。

第一次是独立以后一党执政终结，在意识形态和政治多元化思潮主导下，一时间各种党派竞相成立，纷纷登场。据统计，在独立后的 3 年中，哈国内在司法部登记注册取得合法地位的以及虽然还没有登记但实际上已经在活动的政党、运动和社会政治组织有 100 多个。

第二次发展高潮是在 1994—1995 年。起因是 1994 年哈萨克斯坦进行第一届议会选举，1995 年 12 月根据通过的第二部宪法又进行了新一届议会选举。为了能进入议会或在议会中产生影响，一些党派分化组合，同时又有一批新的党派和运动出现。

　　第三次发展高潮是在 1998—1999 年。动力依然是 1999 年 10 月间将要举行的共和国议会下院选举。不少党团正是在 1998 年秋天至 1999 年冬天为参加选举而成立的。

　　独立前，哈萨克斯坦长期实行一党制，哈萨克共产党为共和国内唯一政党。1990 年，随着苏共中央做出了政治多元化和修改宪法中关于苏共地位的决定，哈萨克共产党于同年 3 月在该党十六届二十次中央全会上也做出了修改哈共地位的决定。1991 年 6 月，哈萨克斯坦通过了《社会团体法》，对政党和社会团体的建立和活动进行了规范。此后，形形色色的政党和社会团体纷纷诞生。

　　独立后，哈萨克斯坦通过的两部宪法中都有关于意识形态和政治多元化的规定。1996 年 5 月 31 日哈萨克斯坦颁布了新的《社会团体法》，1996 年 7 月 2 日颁布了《政党法》。这些法规对政党和社会团体的活动做了进一步明确的规定。2002 年 6 月，哈萨克斯坦通过新的《政党法》。

　　哈萨克斯坦《宪法》第 5 条规定，哈萨克斯坦"承认意识形态和政治多元化"，但不允许将社会制度和国家制度混为一体。国家机关中不得建立政党组织。该条文还规定，"社会组织在法律面前一律平等"，国家不得干涉社会组织的事务，社会组织也不得非法干涉国家事务；不得将国家机关的职能赋予社会组织，也不得向社会组织提供国家拨款。《社会团体法》规定，"社会团体"的概念包括政党。该国宪法还规定，"禁止建立旨在以暴力改变宪法制度、破坏共和国的完整、威胁国家安全，以及挑起社会、种族、宗教、阶层和民族仇恨的社会组织及其活动""禁止其他国家的政党、工会和建立在宗教基础上的政党活动""禁止外国法人和公民、其他国家和国际组织对政党和工会组织提供资金"。《政党法》进一步规定，政党领导机构必须设在哈萨克斯坦境内；不允许建立军事化的政党，政党不得拥有军事武装，不允许在学校中讲授政党纲领、章程和要求；未获批准登记的政党不得活动。《政党法》还规定，下列人员不得成为政党成员：军人、国家安全机关和执法机关工作人员、法官；总统任职期间必须中止参与政党活动；外国公民和无国籍人士。另外还规定，议员和政府成员无权在政党内担任有偿职务，国家公务员在履行公务时只能遵循立法准则，不能根据政党决定行事；政党登记工作由司法部负责。

2002年新《政党法》还规定，只有拥有5万名以上党员，并且在各州有700名以上党员的政党，方可获准登记。

独立的最初几年，哈萨克斯坦政党和各类政治组织有300多个。这些政党和组织大体上分成三类：第一类是坚持社会主义方向的政党，如社会党、共产党等；第二类是一般民主类型政党，如人民一致党、民主党、国民大会党等；第三类是民族主义类型政党，如阿拉什党、拉德党等。经过几年分化组合，到1995年获准登记的政党有9个，包括人民一致党、民主党、社会党、共产党、国民大会党等。其中人民一致党、民主党、国民大会党在1995年组成的议会中占有较多席位，是拥戴总统的政党；共产党等是反对派。为准备1999年总统和议会选举，各政党再次进行了分化改组。一些曾经很有影响的政党如社会党瓦解了，国民大会党活动少了；一些政党合并了，如以人民一致党和民主党为基础建立了祖国党；还出现了不少新党，如公民党、农业党、人民党、爱国者党、公正党等。也有一些政党继续存在并积极活动，如共产党、复兴党、人民合作党等。1998年10月，哈萨克斯坦修改宪法，决定在议会中留10个席位按比例分给在大选中获得7%以上选票的政党。1999年10月10日，该国举行新一届议会选举，结果祖国党、共产党、农业党、公民党获得7%以上选票，成为进入议会的4个政党。在全国设立的57个选区中，祖国党和公民党推选的候选人在大部分选区获胜，祖国党和公民党在议会中控制了多数席位。2001年后期，该国政党进一步分化，由祖国党内一些成员和其他一些党的骨干组成了新的政党光明道路民主党，这是一个影响不断扩大的政党。2007年哈议会选举，由于只有祖国之光人民民主党的选票超过7%的进入议会下院的标准，组成了只有一个政党的议会下院。这种情况直到2012年才改变。在2012年议会下院选举中，建设性反对派光明道路民主党和共产主义人民党分别以7.46%和7.2%的得票率进入新一届议会，使得哈萨克斯坦议会下院由3个政党组成。2016年的哈萨克斯坦议会下院选举中，执政祖国之光党再次成为议会下院第一大党，根据此次选举的最终结果，祖国之光党得票率82.20%，光明道路党得票率7.18%，共产主义人民党得票率7.14%，均成功进入议会。按得票比例，三个政党在98个席位中分别获得84席、7席和7席。其他三个政党则因得票率未超过7%而未能进入议会。

目前进入哈萨克斯坦议会下院和未进入议会下院但有一定影响的政党有：祖国之光人民民主党2006年12月22日成立并登记，是哈萨克斯坦最大的政党，党主席为纳扎尔巴耶夫。该党主张在社会伙伴关系与和谐等原则基础上建立自由开放的社会；主张加强国家社会职能；在经济方面，主张加强国家对经济的宏观调控能力；在对外关系方面，主张巩固和发展同俄罗斯、中国和中亚邻国等国家的睦邻友好关系。该党全力支持总统提出的"哈萨克斯坦——2050"战略，致力于研究落实具体改革措施，并主张维护现行宪法，充分发掘其潜力。除中央机构外，哈萨克斯坦州和州以下政府负责人多为该党成员。

光明道路民主党成立于2002年3月。该党根据"哈萨克斯坦民主选择"社会运动的几位主要成员倡议成立，自称是温和的民主派政党和建设性反对派。主张进一步深化国内民主改革，建立非中央集权化政权，实行经济多元化，改善投资环境，振兴农村经济。在2007年8月举行的哈议会下院选举中，该党获得3.27%的选票，未能进入议会下院。在2016年的议会下院选举中，该党获得7.18%的选票，进入议会下院。

共产主义人民党是从哈萨克共产党分裂出来的政党。在2016年议会下院选举中获得7.14%的选票，进入议会下院。此外，还有爱国者党、精神复兴党、"农村"社会民主党等。这些政党在政治立场和纲领上同纳扎尔巴耶夫领导的祖国之光人民民主党大同小异，属于亲总统党之列。

上述进入议会的光明道路民主党和共产主义人民党属于建设性反对党。

被认为是不妥协反对派政见的有：全国社会民主党"阿扎特"、共产党和民主党"阿吉列特"（或称为"公正党"）。未获准注册的政党还有一些，但都没有大的影响力。

其中，"阿扎特"党是2009年10月由"光明道路"民主党的分支"真正的光明道路"党同国家社会民主党联合而来的，两党原主席阿比洛夫和图雅克拜成为新党的联席主席。该党自称代表中产阶级，目前是哈萨克斯坦最大的反对党。

哈萨克共产党是苏联时期哈共的继承者，反对首任总统纳扎尔巴耶夫的许多改革政策和措施，主张建设符合科学社会主义原则的自由民主社会。

哈萨克斯坦拥有各类社会组织，仅大型社会组织就有40多个，涵盖工会、妇女、青年、媒体、体育、文化、科学、教育、福利、环保、宗教、民族、权利保护、争端调解、保健、法律援助等方面，近半数是官方或有官方参与的组织，其余为非官方组织。这些组织分别以机构、协会、学会、联合会、中心等名义出现。这些组织绝大部分属于非营利性组织和非政府组织，少数有境外支持的背景。

哈萨克斯坦的大型社会组织有哈萨克斯坦工会联合会、哈萨克斯坦农民联盟、共和国农民经济联合会、青年祖国（"祖国之光"人民民主党所属的青年组织）、记者协会等。哈萨克斯坦约15%的社会组织活动范围在生态领域，13.6%在青少年领域，13.3%在妇女领域，13.1%在卫生领域，12.5%在教科文领域，6%在人权领域，6.8%在社会保障领域，6%在社区服务领域，4.7%属于多领域，4.4%在残疾人服务领域，3%在残疾人康复领域。

总体上说，目前哈萨克斯坦政党、运动和政治组织可以分为3个群体：第一类是在司法部正式登记过的政党；第二类是没有正式登记过的政党；第三类是规模不大、影响较小的社会运动和联盟组织。哈萨克斯坦政府对开展正常活动的社会组织持支持态度，但对从事非法活动的非政府组织持监控和反对态度。

第四节　议会

苏联时期哈萨克斯坦国家政权最高机构称作最高苏维埃，它是议行合一的机构，与当前的议会职能有些不同。它由510名代表组成，任期五年。最高苏维埃代表由各选区选举产生。代表为兼职。最高苏维埃会议每年举行两次，每次会期为10—15天。该国独立初期的1992—1993年，在新宪法通过之前，最高苏维埃继续工作。

1993年1月，哈萨克斯坦通过了独立后的第一部宪法。这部宪法规定，议会仍称作最高苏维埃，一院制，代表任期5年，但代表人数较之前明显减少，而且职业化。这时的"最高苏维埃"已经是专职立法机构。1994年3月，议会通过选举共选出代表176人。然而一年之后的1995年3月，哈萨克斯坦宪法委员会裁定这次选举"违宪"，随后首任总统纳扎尔巴耶夫下令解散议会。直到1995年12月新议会选出之前，该国无议会。

　　1995年8月30日，哈萨克斯坦通过了独立后的第二部宪法。该宪法规定，议会为两院制，即参议院和马日利斯，两院皆为常设机构，议员人数进一步减少，职业化，议员任期分四年和二年两种。1995年12月选举产生了新议会。1996年1月30日，新议会正式开始工作。1998年10月，该国对宪法进行了修改，参议院议员任期改为六年，马日利斯议员任期改为五年。

1. 议会的地位与议员的产生和职责

　　哈萨克斯坦宪法规定，议会是国家最高立法机构。议会由参议院（上院）和马日利斯（下院）组成，两院皆为常设机构。参议院由47人组成，14个州和2个中央直辖市各派2人参加，其余15人由总统指派。马日利斯由107人组成，其中98人实行政党比例代表制，由得票率超过7%的政党选举产生，其余9名议员由各族人民大会推举产生。同一人不得同时成为两院议员。各院都可以建立不超过7个的常设委员会。

　　哈萨克斯坦选举法规定，凡具有5年以上哈萨克斯坦国籍、年满30岁、具有高等文化程度、工龄不少于5年，同时在有关州、中央直辖市或首都常住不少于3年的哈萨克斯坦公民均可当选为参议员。年满25岁的公民可当选为马日利斯议员。

　　马日利斯议员根据普遍、平等和直接选举的原则通过秘密投票选举产生。参议院议员则根据间接选举的原则秘密投票选举产生。获得50%上选票者即当选。如果候选人中无人获得50%以上的票数，则对获得票数较多的候选人进行第二轮投票，获得多数选票者当选。

　　在本人提出辞职、被确认无行为能力、议会解散以及宪法规定的其他情况下，可终止议员的资格。在法院判决议员有罪以及长期旅居国外不归的情况下，其议员资格可被取消。下院议员在其退出或被所在政党开除后，失去议员资格。上院议员可根据总统令解除议员资格。议员在议会遭解散时失去议员资格。

　　哈萨克斯坦宪法、议会章程规定，出席会议的议员数量不少于2/3方视为有效。议员必须亲自参加议会工作，投票权必须亲自行使，不得委托他人代行。议员 3 次以上无故缺席所在议会及其所在委员会会议，需接受相关处理；议员不得同时担任上下两院代表；除教育、科技和其他发明创造活动外，议员不得从事有偿活动，或成为商业组织机构领导机构或监事会成员。议员在其任期内享有刑事豁免权，未经有关议院同意，议员在任期内不得被逮捕、传讯，免受行政处罚。

2. 议会两院的职能

参议院和马日利斯的职能有相同之处，也有不同之处。议会两院视审理问题的性质可举行联席会议或单独会议。

参议院的专有管理权包括：根据总统建议，选举和解除最高法院院长、最高法院审判庭庭长和最高法院法官之职，接受他们的宣誓；批准总统对总检察长和国家安全委员会主席的任命；剥夺总检察长、最高法院院长和最高法院法官的不可侵犯权；根据法律提前中止地方代表机构的权力；选派两名议员参加最高司法委员会；审议马日利斯提出的罢免总统的提案，并将审议结果提交两院联合审议。

马日利斯的专有权包括：批准和审议法律草案；就议会通过而被总统驳回的法律草案准备建议；根据总统建议，选举和解除中央委员会主席、副主席、秘书和委员的职务；宣布举行例行总统选举，决定非例行总统选举；派两名议员参加司法鉴定委员会；对总统叛国行为进行起诉。

国家重大问题或事件须经参议院和马日利斯联席会议讨论。须经两院联席会议审议的事宜主要有：根据总统建议，对宪法进行修改和补充，通过宪法批准预算和审议预算执行情况，对预算进行补充和修改；在总统对法律或法律条文提出异议后的一个月内，对其进行复议和表决；应总统要求，并经各院 2/3 以上议员通过，可授予总统不超过一年期限的立法权；批准总统对总理、国家银行行长的任命；对总理施政纲领报告预先审议；对政府提出不信任案，但须达到法定票数即各院必须有 2/3 以上议员赞成，提案方能生效；决定战争与和平问题；根据总统提议，通过动用武装力量承担维和任务的决议；提出举行国家全民公决的动议；听取关于宪法法制状况的年度咨文；组建两院联合委员会，任免委员会主席，听取委员会活动情况报告；履行宪法赋予的其他职能。

另有一些事项须经两院审议，但不是举行联席会议，而是按先在马日利斯审议，后在参议院审议的程序进行。这些事项有：通过法律；讨论预算及其执行情况的报告，讨论对预算的补充和修改，规定或取消国家税收；规定决定国家区划问题的程序；设立奖励、荣誉称号、军衔、官位等；确定国家象征（国旗、国徽、国歌）；决定公债和由国家提供的经济援助和其他援助问题；颁布公民大赦令；批准和废除国家签订的国际条约。

如果政府提交的法律草案未被通过，总理有权在两院联席会议提出关于对政府的信任问题。如果对政府不信任案未获得通过，意味着政府提交的法律草案自行通过。但政府使用这种权力一年内不得超过两次。

总统有权决定审议法律草案的优先顺序和紧急审议。总统在下列情况下可以解散议会：议会通过对政府的不信任案；议会两次否决对总理的任命；因议会两院之间或议会与其他国家政权机构之间不可克服的分歧而引发的政治危机。但在实施紧急状态或军事状态期间、总统任期的最后6个月内以及上届议会解散后一年之内，不得解散议会。

3. 立法程序

哈萨克斯坦宪法规定：议员、总统、政府享有法律提案权。总统有权确定立法优先方向。总统有权提请议会紧急审议有关法案，议会须在一个月内审议并表决。若议会未能在规定时间内审议，则总统有权发布相关总统令，该总统令具有法律的地位和效力，直至议会经法定程序通过新的相关法案。通过宪法修正案须获得上下两院各3/4议员赞同，通过宪法性法律须获得上下两院各2/3议员赞同，通过一般法律须获得上下两院各过半数议员赞同。

一般性法律草案先由议会下院提出和审议，经下院多数议员审议和通过的法律草案可转交议会上院审议，上院须在60天内进行审议，经过上院多数议员通过的法律草案即为法律，并在10天内交总统签署。若上院以过半数驳回法律草案，该草案应退回下院。若下院再次以2/3多数通过该草案，则草案须再次提交上院复议和表决。上院在本届会期内不得再将议案返回下院审议。若法律草案经上院过半数做出修改和补充后转交下院审议，下院以过半数通过上院的修改和补充案，则该法律草案视为通过。若下院以过半数反对上院的修改和补充，则上下两院通过协调程序解决意见分歧。

<table><tr><td>第五节</td></tr></table>　总统

1990年4月以前，哈萨克斯坦不曾有过总统职务。哈萨克斯坦历史上第一个总统职务是1990年4月24日设立的，是苏联时期戈尔巴乔夫改革苏联政治体制的产物。1990年2月，苏联决定实行总统制，3月制定了相关法律。同月，戈尔巴乔夫当选为苏联首任总统。当时，哈萨克斯坦作为苏联的一个加盟共和国，也采取了相应的改革措施。1990年4月24日，哈萨克斯坦通过了《哈萨克苏维埃社会主义共和国设立总统职务及修改、补充共和国宪法（根本法）的决议》，首次在该国设立总统职务。同日，纳扎尔巴耶夫在哈萨克斯坦第十二届最高苏维埃第一次会议上当选为该共和国有史以来第一任总统，谢·捷列先科当选为副总统。

1. 总统任职资格、任期和选举程序

哈萨克斯坦宪法规定，凡在哈萨克斯坦出生的公民，年龄不小于40岁，能熟练掌握国语，且在哈萨克斯坦居住15年以上者，皆可当选为共和国总统。

总统根据宪法和法律并按照普遍、平等和直接的原则以秘密投票的方式产生。例行选举在选举年12月的第一个星期天进行，但不能与新一届议会的选举同时进行。获得50%以上票数的候选人即当选。如果候选人中无人获得规定的票数，则对两名获得票数较多的候选人进行第二轮投票，获得多数票者即当选。1995年宪法规定总统每届任期5年。1998年经修改宪法总统任期改为7年，2011年后再次改为5年。

2. 总统的地位和权限

哈萨克斯坦现行宪法规定，"总统是国家元首，是决定国内外政策基本方针并在国内和国际关系中代表哈萨克斯坦的最高公务员"，是"人民和国家政权的统一、宪法的不可动摇性、任何公民的权利和自由的象征的保证"，是"国家所有政权机构协调一致地发挥作用并使政权机构对人民负责的保证"。哈萨克斯坦《总统法》还规定，"以人民共和国的名义发表讲话的权利属于总统"。

宪法规定总统拥有以下职权：提交关于本国国情和内外政策基本方针的年度咨文；决定议会选举事宜，接受议员宣誓，召集议会两院联席会议，批准法律；经议会同意，任免总理；确定政府及其他中央直属机构，任免内阁成员和其他中央直属机构人员；接受内阁成员宣誓，主持政府就重要问题召开的会议；责成政府向议会提交法律草案；中止政府、州、中央直辖市和首都行政长官颁布的命令；经议会同意，任免国家银行行长；经参议院同意，任免国家总检察长和国家安全委员会主席；任免国家外交代表机构首席代表；任命国家预算执行情况财务检查委员会主席；批准国家纲要；决定靠国家预算机构的财政拨款和工作人员的工资制度；决定举行共和国全民公决；主持国际条约的会谈与签署工作，签署已批准的证书；接受外国派驻代表的到任和离任证书；作为共和国武装力量最高统帅，任命武装力量高级指挥人员；颁布奖励，授予荣誉称号、官衔等；决定有关国籍和政治避难问题；实施大赦；在特定情况下，决定实施紧急状态和动用武装力量；在共和国面临外来侵犯时，实施军事状态，宣布部分动员或总动员；组建隶属于总统的卫队和近卫军；任命共和国秘书；组建安全会议、最高司法委员会和其他咨询机构；根据宪法和法律行使其他权力。

3. 总统的解职或罢免

总统因病确实无法履行职能时，可提前解职，但须经有关人员组成的鉴定委员会得出结论，在议会联席会议上以不少于各院议员 3/4 多数票通过方可。

只有总统犯有叛国罪时方可被议会罢免。《总统法》对叛国罪的解释是，"蓄意颠覆或削弱哈萨克斯坦共和国的对外安全和主权，在战争或武装冲突期间站到敌人一方，帮助外国从事反对共和国的敌对活动"。罢免程序是，经马日利斯 1/3 以上议员提议并经该院多数议员赞成，可通过对总统起诉和调查的决定。起诉和调查过程由参议院组织进行并经该院多数议员赞成方可将调查结果提交两院联席会议审议。在联席会议上须经各院 3/4 以上议员赞成并由最高法院做出起诉理由成立的结论和宪法委员会做出符合宪法规定程序的结论时，方可通过罢免总统的决定。起诉后 2 个月内未通过决定，即意味着起诉被驳回。哈萨克斯坦独立后不曾发生总统被弹劾或被解职的情况。

4. 总统办公机构与有关保障

根据《宪法》第44条第十九款组成总统办公厅。总统办公厅由总统办公厅主任主持，包括副主任、总统助理、总统办公室秘书，以及负责总统档案、礼宾、信息、新闻、安全与保卫、相关事务顾问、后勤保障等人员和机构。

《总统法》规定，"共和国总统及其家庭的保障、服务和保卫的费用由国家承担"。国家在总统任职期间为其提供官邸、住宅、别墅、汽车、专用飞机、直升机，总统包括其直系亲属的保卫工作由总统卫队负责。具体工作由总统办公厅负责。总统办公厅下设一些咨询机构，包括安全会议、最高司法委员会等。总统每年有45天带薪休假。

为保障首任总统退职后的活动和安置，该国还于2000年通过了《首任总统法》，对国家首任总统有特殊优待。

5. 其他情况

为确保哈萨克斯坦国内政局稳定，哈萨克斯坦现行《宪法》和法律规定：

①若总统出现意外。哈萨克斯坦《宪法》第47条规定：因健康状况而失去工作能力的情况下，总统可提前解职。此时，议会需组成审议委员会，由上下两院各派相同数量议员和医学专家组成。赞同解除总统职务的议案须由议会上下两院各四分之三多数通过，并经宪法委员会确认符合宪法程序认可。哈萨克斯坦《宪法》第48条规定：总统提前解职或不能履行职务时，履行代总统权力的顺序依次是上院议长、下院议长、政府总理。同时，代总统须在3个月内组织新总统选举。

②若总统任期内退休。哈2000年7月20日通过《首任总统法》，规定首任总统终身领导哈萨克斯坦人民大会；终身担任宪法委员会委员和国家安全委员会委员；终身享有就国家建设、对内对外政策和国家安全等问题向国民、国家机构及其负责人发表倡议的权力，相关机构和负责人必须对首任总统的倡议予以认真研究；除叛国以外，不得对首任总统为履行职责而作的一切决定和活动追究任何责任。

6. 首任总统

哈萨克斯坦首任总统为努尔苏丹·阿比舍维奇·纳扎尔巴耶夫。1940年6月6日，纳扎尔巴耶夫生于阿拉木图州卡斯凯林区切莫尔岗村一个农民家庭，哈萨克人，经济学博士、哈萨克斯坦国家科学院院士。

曾任哈共卡拉干达州委书记、第二书记、哈共中央书记，1984年3月至1989年7月任哈萨克共和国部长会议主席，1989年7月至1991年月任哈萨克共和国中央第一书记，同时兼任苏共中央政治局委员，1990年2—4月任哈萨克共和国最高苏维埃主席。1990年4月24日当选哈萨克共和国第一任总统，1991年12月通过全民选举再次当选共和国总统。1995年4月，经共和国全民公决，决定将纳扎尔巴耶夫的总统任期延长至2000年12月。1998年10月，议会通过提前选举总统的决定，1999年1月10日选举如期举行。纳扎尔巴耶夫再次当选为新一届总统。2005年12月哈萨克斯坦再次举行总统选举，纳扎尔巴耶夫高票当选。2011年4月哈萨克斯坦举行独立后的第四次总统选举，纳扎尔巴耶夫获得连任。2015年哈萨克斯坦决定提前举行总统选举，在4月26日的选举中，纳扎尔巴耶夫再次连任。2019年3月，纳扎尔巴耶夫宣布辞去总统职务，时任议会上院议长的托卡耶夫依照宪法宣誓就任总统，之后，托卡耶夫签署总统令，将哈总统选举日期提前至2019年6月9日。在此次选举中，托卡耶夫以超过70%的得票率大幅领先其他候选人，高票当选为哈萨克斯坦总统。

7. 现任总统

哈萨克斯坦现任总统为卡瑟姆若马尔特·托卡耶夫。1953年出生于哈萨克斯坦阿拉木图，政治学博士。

1975年从莫斯科国立国际关系学院毕业后进入苏联外交部工作，任职苏联驻新加坡共和国大使馆。1979年回到苏联外交部。1992年出任哈萨克斯坦共和国外交部副部长。1993年任外交部第一副部长。1994年任外交部部长。1999年3月晋升为副总理。1999年10月，经议会批准，根据哈萨克斯坦共和国总统令，托卡耶夫出任总理。2002年1月辞职，随后被任命为国务秘书兼外交部部长。2007年1月当选为哈萨克斯坦议会上院议长。2019年3月19日，哈萨克斯坦总统纳扎尔巴耶夫宣布辞职，他的相关职责由托卡耶夫代替履行，直到新总统当选。2019年6月10日，哈萨克斯坦中央选举委员会初步统计结果显示，托卡耶夫的得票率超过70%，实际上已赢得在9日举行的总统选举。6月12日，托卡耶夫宣誓就任哈萨克斯坦总统。

第六节　政府

　　哈萨克斯坦共和国独立建国的第一要务是建立适合本国国情的政治体制。建立了一套符合本国政治发展现状、社会经济条件的政治体制，并且伴随哈萨克斯坦社会经济的发展进行了相应调整。哈萨克斯坦《宪法》规定，政府领导国家执行机关系统，对总统负责，向议会报告工作。政府总理由总统任命，须经议会批准。总理在被任命后10天内向总统提出关于政府机构设置和组成人选的意见，由总统批准和任命。政府组成后，其成员须履行向人民和总统宣誓程序。哈萨克斯坦现政府于2019年组成，政府总理为阿斯卡尔·马明。

　　哈萨克斯坦政府机构由总理办公厅和若干部门组成。2014年对政府机构作了较大调整，将部的数量精简至12个，它们是：外交部、国防部、内务部、司法部、财政部、经济部、能源部、投资与发展部、农业部、卫生与社会保障部、文化与体育部、科技与教育部。

　　哈萨克斯坦《宪法》规定，共和国政府拥有以下职能：制定关于国家社会经济、国防、安全和社会保障的基本方针并组织实施；制定并向议会提交共和国预算和决算，保证预算的执行；向马日利斯提交法律草案并保证法律的实施；组织管理国家财产；制定实施共和国对外政策和措施；领导各部委以及其他中央和地方执行机构的活动，取消和完全或部分地暂时中止共和国各部委以及其他中央和地方执行机构的法令；任免不属于政府成员的中央执行机构负责人；任命4名共和国预算执行情况财务检查委员会委员，任期五年；履行宪法、法律和总统法令赋予的其他职能。

　　共和国总理拥有以下职能：组织和领导政府的活动，对政府工作负个人责任；在被任命后的一个月内，向议会提交关于政府施政纲领的报告，如果被驳回，则在此后的两个月内重新提出施政纲领报告；签署政府决议；向总统报告政府活动的主要方面和所有的最重要决定；履行其他有关的职能。政府总理是哈萨克斯坦的第二号人物，地位仅次于总统，高于上院议长（第三号人物）。哈萨克斯坦《宪法》第56条规定，总理由总统与议会下院多数党团（过半数）协商后提名，并由议会下院过半数选举产生。

哈萨克斯坦《宪法》规定，政府应向新当选的国家总统交出权力；在认为无法继续行使所赋予的职能时，政府及其各个成员都有权向国家总统递交辞呈；在议会通过对政府的不信任案时，政府须向国家总统递交辞呈，是否接受辞呈由总统在10日内决定：总统接受政府辞呈，意味着政府或有关成员的权力被中止。总理的辞呈被接受，则意味着整个政府的权力被中止。如果总统不接受辞呈，政府须继续履行职能。如果政府因议会通过不信任案而提交的辞呈被总统驳回，总统有权解散议会；总统有权做出中止政府权力的决定，有权罢免政府任何成员。如果总统罢免总理，也意味整个政府权力被中止。

政府成员在自己权限范围内独立工作，对总理委托的工作负责任，即使个人不同意政府决定也不得表示反对。政府成员不得成为代表机构的代表，不得担任除教学、科研和其他创造性活动之外的有偿职务，不得从事经营活动和成为商业组织的领导机构成员或监事会的成员。

第七节　司法机关

哈萨克斯坦司法机构由最高司法委员会、法院和检察院组成。

最高司法委员会由总统、宪法委员会主席、司法鉴定委员会主席、最高法院院长、总检察长、司法部部长、部分议员组成，是决定国家司法政策和处理国家最重大司法问题的机构。

哈萨克斯坦《宪法》规定，审判工作只能由法院执行。法院系统由国家最高法院和依法成立的地方法院包括州（中央直辖市）法院和（市）法院组成；不得建立特别法院和非常法院。最高法院是国内最高司法审判机构，它在诉讼程序上对下级法院进行监督并负责对司法实践产生的问题进行解释。

法院以国家的名义行使司法权，其使命是维护公民和组织的权力、自由和合法权益，保障宪法、法律、其他规范法令和共和国签署的国际条约的执行。法院运用司法权解决一切因违反法律而产生的诉讼案件和纠纷。

法官独立审判，只服从宪法和法律，不允许以任何方式干涉审判工作，在审判工作中，法院应遵循"无罪推定"等原则。各级法院运用的审判原则是共同和一致的，不得运用限制宪法规定的任何公民权利和自由的法律及其他规范法令。

法官由年满25岁、受过高等教育、从事法律工作的工龄不少于2年并通过专业资格考试的哈萨克斯坦公民担任。法官不得兼任人民代表，不得从事经营活动，也不得担任商业组织的领导机构和监事会的成员。

共和国最高法院院长、最高法院审判庭庭长及法官在国家最高司法委员会推荐的基础上，由总统提名、参议院选举产生。州和相当于州的法院院长、州和相当于州的审判庭庭长及法官，由总统根据国家最高司法委员会的推荐任命。其他法院的院长和法官，在司法鉴定委员会推荐的基础上，由司法部部长提名，总统任命。

哈萨克斯坦宪法为检察院规定的职责是：以国家名义对在本国领土上准确一致地执行法律、总统法令和其他规范法令的情况以及对案件调查与侦查、办案的行政和执行过程的合法性实行监督，采取措施查清和消除一切违法行动，并对违背国家宪法的法律和法令提出异议。检察机关在法庭上代表国家利益，并按法律规定的程序和范围实施刑事追究。

哈萨克斯坦检察机关自上而下自成体系，独立于其他机关和公职人员行使职能，只向总统报告工作。下级检察官由上级检察官任命，并对上级检察官和总检察长负责，但须经参议院批准，任期五年。第一副总检察长由总检察长提名，由总统任免。

第四章 军事

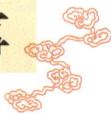

第一节 武装力量的组建过程

哈萨克斯坦独立前没有军队，因为它是加盟共和国，根据苏联宪法，军队由联盟中央统一掌管。当时驻扎在哈萨克斯坦土地上的是苏联第四十集团军，属于中亚军区，归苏联中央政府直接管辖。独立后，哈萨克斯坦从维护国家安全、领土完整和边界不受侵犯出发，开始组建作为独立主权国家不可缺少的武装力量。这一建军过程不是一切从零开始，而是以驻扎在哈萨克斯坦领土上的苏军和其他武装力量为基础组成发展而成的。

哈萨克斯坦的军队建设经历了从无到有，从小到大，军队员额和整体军事实力缓步增加的过程。哈萨克斯坦军队建设的基本特点是：已经建立了完善的领导与指挥体制；建成了适合本国特点、比较齐全的军兵种，其中包括陆军、空军、防空军、边防军以及内卫军等准军事部队，以及　丈由菩丁艘巡逻艇组成的海军；建成了较为完善的武装力量体系和较为合理的防御兵力布局；建立了军事法规体系，颁布了《国防法》《军事学说》等一批法规和政策，军队建设初步走上了法制化轨道；初步形成了军事培训系统；军队组成人员都已开始本民族化。哈萨克斯坦的军队建设大致经历了四个发展阶段。

第一阶段（1992年），主要任务是收编境内苏联军队，组建军事指挥机构。1992年1—8月，哈首任总统纳扎尔巴耶夫先后3次颁布命令，收编境内苏联部队。5月7日，哈国防委员会改组为国防部；5月

8日，哈萨克斯坦正式发布建军令，宣布组建本国军队。9月，哈萨克斯坦在原苏军阿拉木图空军和防空军的基础上，组建了空军司令部和防空军司令部。至同年底，除苏军驻哈萨克斯坦战略火箭军和空军远程轰炸航空兵部队外，其他驻哈萨克斯坦部队及其所有武器及技术装备全部被哈萨克斯坦接管。第二阶段（1993—1994年），主要任务是完善军事指挥机构，调整兵力部署。1993年，哈萨克斯坦成立了武装力量总参谋部和陆军司令部，并对部分部队编制和兵力部署进行了适当调整。第三阶段（1995—1996年），主要任务是加强军事训练，更新武器装备。第四阶段（1997—2000年），主要任务是进一步深化军事改革。哈萨克斯坦军事改革的主要目标是建立一支装备精良、机动能力强、可保障国家利益免受现实和潜在的军事威胁的军队。军事改革的优先方向是建立机动力量、在易受威胁的区域建立军区和地区司令部及军队集团。

　　2000年以来，根据哈萨克斯坦新的军事学说，哈武装力量分三个阶段实施了军事改革。第一阶段（2000—2002年），目标是保障武装力量拥有制止和消除低强度冲突的能力，重点是满员配备机动部队的人员、保障军事物资与技术和强化训练；向建立战区军事机构和军事行政指挥机关过渡。这一阶段的任务已完成。第二阶段（2003—2005年），目标是保障武装力量拥有独立或与同盟国共同制止和消除中等强度冲突的能力，根据国家长期发展纲要完善武装力量的干部培训体系；落实国家武器和军事技术发展纲要；向地区兵员补充原则过渡；提高合同兵数量。第三阶段为2005年以后，目标是加强快速机动部队的建设。主要措施包括:增加武装力量各军兵种和特种兵的常备部队；继续实行合同兵役和义务兵役相结合的兵役制度，完善后备兵员训练体系；逐步用新式武器更新部队装备；充分保证部队的作战和训练水平。

　　哈萨克斯坦十分注重培养军事人才，对军校教育提出了很高要求，要求接受培养的军官具有高等学历、掌握多门外语和受过良好的技术训练。2003年，哈萨克斯坦对其原有的军事院校进行了重组，按军种原则建立军事教育体系，并建成了战术、战役战术、战役战略三级培训体制。目前，哈国防部所属的军事院校主要有：国防大学（原武装力量军事学院）、陆军军事学院（原阿拉木图武装力量高等军事学校）、防空军学院（原阿克托别高等军事航空学校）、海军学院（原高等海军学校）和阿拉木图无线电与通信军事工程学院。此外，哈萨克斯坦内务部还拥有内务部学院（阿拉木图）、内务部司法学院（卡拉干达）、内务部内卫军高等军事学校（彼得罗巴甫洛夫斯克）等。哈萨克斯坦军事教育的目标之一是基本实现由自己培养军官，只有紧缺专业的军官方可到外国接受培训。目前，哈萨克斯坦与俄罗斯、美国、土耳其、中国等国签有在这些国家培训军官的协议。

第二节 国防建设与武装力量构成

1990年10月25日，哈萨克最高苏维埃通过《主权宣言》。1991年12月10日改国名为哈萨克斯坦共和国，同年12月16日正式宣布独立。1993年，哈萨克斯坦制定本国第一部军事学说。1999年，哈萨克斯坦国家安全会议颁布《1999—2005年国家安全战略》。该文件分析了哈萨克斯坦的外部安全、军事安全、经济安全、生态安全和信息安全状况，指出了国家安全所面临的最严峻的威胁，并制定了应对措施。2000年2月，哈萨克斯坦发表新版军事学说，新的军事学说着重强调国防政策和战略的防御性，致力于保障哈萨克斯坦在现代条件下的中期安全。此外，哈萨克斯坦还制定了《国防与武装力量法》《国家安全法》等，这些法律文件规定了哈在国防和安全领域的基本政策与主张。

哈萨克斯坦遵循"不把战争或军事威胁作为达到政治、经济或其他目的的手段"的原则；主张优先使用政治、外交和其他非军事手段预防、制止和化解军事威胁。强调哈"武装力量在任何情况下都不会首先对别国采取军事行动"。哈萨克斯坦军事力量的主要任务是：保卫国家领土完整和经济发展免受外来军事威胁，为国家的均衡发展创造良好环境。

进入21世纪，国际形势和地区形势逐渐紧张，复杂多变，仅在中亚和亚洲其他地区就发生了阿富汗战争、伊拉克战争、"颜色革命""阿拉伯之春"、肆虐伊拉克和叙利亚的"伊斯兰国"和其他形形色色的恐怖事件。各国都在尽一切努力维护本国的安全，哈萨克斯坦也不例外。该国2012年12月发布的总统国情咨文《哈萨克斯坦——2050》对本国的国防做出战略部署：哈萨克斯坦将巩固国防能力和完善军事理论学说，参加各类防御性机制，在策划制定国家防御模式的同时，要加强同各国和各国际组织的合作，强调与集体安全条约组织其他成员国开展紧密协作，促进提高集体力量的快速反应能力。

哈萨克斯坦国防部的主要职能范围：实施最高统帅关于军事建设和武装力量现代化的原则性与战略性的决定和指示；武装力量的军事经济保障；武装力量的物质技术保障；思想和教育工作；挑选和分配干部，以国防大学为主导发展国家的军事教育制度；国际军事合作；军事科学活动等。

为了适应未来联合作战的需要，满足军队应付多样化威胁的战略需求，并建立适应未来信息化战争要求的国防体制，哈萨克斯坦军队一直在调整其编制体制。建军之初，哈萨克斯坦在军队领导指挥体制上基本上承袭了原苏军规模大、层次多的模式。近年来，哈萨克斯坦根据战争的需要对军队领导指挥部门进行了优化，消除了重叠和无效的环节。哈萨克斯坦对国防部和总参谋部的组织机构进行了大精简。为此，哈萨克斯坦对武装力量结构进行了数次调整。

1997年1月，首任总统纳扎尔巴耶夫下令将陆军、空军、防空军和海军四大军种及边防军合并为陆军（一般任务力量）、空军（空中防御力量）和边防军三大军种。1999年7月，边防军划归国家安全委员会，哈萨克斯坦武装力量由陆军和空军两大军种组成。2000年2月，哈萨克斯坦军队组建了机动部队司令部。2003年5月7日，首任总统纳扎尔巴耶夫签署《关于进一步完善哈武装力量结构的措施》的总统令，决定进行新一轮武装力量结构改革。新的结构改革方案规定哈萨克斯坦武装力量由三大军种构成：陆军、防空军和海军；同时，还拥有空中机动力量（新成立的兵种）和导弹兵与炮兵两个独立的兵种。在总参谋部的基础上成立参谋长委员会，并对国防部与参谋长委员会的职能重新进行调整。此外，还建立或调整了战区指挥体制，哈萨克斯坦按防御方向成立四个大军区，即东部军区、南部军区、西部军区和中部军区。通过对军队编制结构的调整与优化，哈萨克斯坦基本建立了适应未来信息化战争要求的军事指挥体制。此外，还仿效西方，改革兵役制度，推进军队的职业化进程。与此同时，哈萨克斯坦为了加强军队的职业化建设，还进行了军队职业化的试点。

第三节   对外军事合作

在哈萨克斯坦对外军事关系中，俄罗斯为第一合作伙伴。哈俄两国的军事战略有很多共同点，但由于国情不同，也存在若干不同点。尽管如此，哈俄两国还是认为彼此关系最密切，视对方为最可靠的军事伙伴。

苏联解体后不久，1992年5月15日哈萨克斯坦就签署了独联体《集体安全条约》。当时有9个国家参加，俄罗斯是最主要的成员。1999年该条约到期后，乌兹别克斯坦等3个国家不再续签，哈萨克斯坦则继续签署了这个文件。哈萨克斯坦还参加了俄罗斯主导的独联体空防体系。2002年哈萨克斯坦与俄罗斯等国一起把《集体安全条约》改为集体安全条约组织。该组织成立快速反应部队，哈萨克斯坦派兵参加。哈俄两国还多次举行联合军演。哈俄两国在军事科研、军工生产、宇航和军事培训方面有广泛的合作，哈萨克斯坦的拜科努尔航天发射基地租给俄罗斯长期使用。哈萨克斯坦的军事装备基本来自俄罗斯，哈萨克斯坦军队高中级军官大多毕业或进修于俄罗斯军事院校。

1994年，哈萨克斯坦加入了北约"和平伙伴关系计划"。此外，哈萨克斯坦还参加了北约的"规划与分析进程""作战潜力构想"等计划（哈萨克斯坦是参加该计划的第一个中亚国家）。通过与北约的军事技术合作，哈萨克斯坦维和营从2002年开始完全按北约的标准进行人员补充和装备更新。

"9·11"事件后，美国及其北约多国部队获得了哈萨克斯坦的领空通行权，哈萨克斯坦对美在其领土上驻军持积极态度。2002年7月，哈美签署了关于美空军在"双方都认可的紧急状况下"使用阿拉木图机场进行紧急降落和燃料补给的正式协议。美军还租用了哈萨克斯坦南部的奇姆肯特和卢戈沃耶2个军用机场。

除多边合作外，哈萨克斯坦还与美、英、法、德、土等国建立了密切的双边军事合作关系，其中与美国的军事合作关系最为广泛和深入。哈萨克斯坦与美国于2003年签署了军事合作5年计划，该框架下实施的军事技术合作总额超过6 600万美元，其中包括购买了2架美制 HUEY-2型军用直升机，这2架直升机配备了先进的攻击、侦察、运输 和营救设备，其交付使用意味着哈军空中快速反应力量的组建迈出了 第一步。此外，美国还向哈萨克斯坦方提供了大批"悍马"军车以及 防护、通信和工程设备。哈萨克斯坦还在军事装备现代化、军事技术 转让、人员培训、军事基础设施建设等方面加强了与美国的合作。 2017年，哈萨克斯坦国防部副部长塔尔加特·穆赫塔罗夫中将率领军 事代表团访问美国，与美国国防部代表讨论了哈萨克斯坦和美国间军 事合作的现状和前景问题，双方签署了《2018—2022年合作计划》， 确定了未来五年的合作方向。

第四节　无核化进程

　　哈萨克斯坦是世界第二大天然铀资源国和第一大天然铀生产国和 出口国，在国际铀市场上有着举足轻重的作用。同时，哈萨克斯坦是 国际原子能机构（IAEA）主导的国际低浓铀燃料银行的东道国。目 前，该燃料银行正在哈境内进行建设。在铀矿业发展成熟之后，哈萨 克斯坦原子能公司正在努力从单纯的铀矿业向核燃料加工和元件制造 业拓展。

　　在苏联时期，哈萨克斯坦不仅是重要的核试验基地，而且储存有 大量的核武器。著名的塞米巴拉金斯克核试验场和拜科努尔航天中心 即位于该国。独立前夕的1990年10月，哈萨克斯坦议会通过《国家主 权宣言》，宣布在该共和国停止核试验。1991年8月29日，首任总统 纳扎尔巴耶夫下令关闭了塞米巴拉金斯克核试验场。苏联解体后，哈 萨克斯坦武装力量接管了部署在该国的核武器。哈萨克斯坦成为世界 上的有核国家之一。1992年5月，首任总统纳扎尔巴耶夫声明，哈萨 克斯坦不做核国家，同意将核武器交给俄罗斯处理。1994年，哈萨克 斯坦正式加入了《不扩散核武器条约》，并且在1995年4月将其最后一 枚核弹头转移到俄罗斯。它与国际原子能机构缔结的《不扩散核武器 条约》在1994年生效，其所有设施均置于保障下。2004年2月，哈萨 克斯坦签署了原子能机构保障协定附加议定书。

　　2012年12月，哈萨克斯坦首任总统纳扎尔巴耶夫在回顾和总结本国在实现无核化进程方面取得的成就时自豪地说："我们在推动核不扩散制度方面发挥了积极作用。我们提出的关于巩固不扩散核武器制度的倡议，是对世界稳定、秩序与安全所做的无条件贡献。我们在世界上最先关闭了位于塞米巴拉金斯克的核试验场，放弃了核武器，并得到来自核大国——美国、俄罗斯、英国、法国和中国的可靠国际安全保障。我们在中亚无核区建设方面发挥了关键作用并积极推动在世界其他地区首先是中东地区建立类似无核区。我们支持国际社会为遏制核恐怖威胁所做的努力。我们的态度很明确，必须采取进一步果断措施，消除核威胁。我们认为，《不扩散核武器条约》过去是现在仍然是核不扩散制度的基石。《全面禁止核试验条约》的早日生效将成为巩固核不扩散制度的助推器。"

第五章　文化

第一节　语言文字

　　哈萨克斯坦独立后，人口数量、人口结构和民族成分都发生了巨大变化。各个民族从自身利益出发，表现出发展自己语言和文化的强烈愿望。哈萨克斯坦政府顺应国内各民族的要求，从国家发展战略的高度出发，制定了相应的法律、语言政策和语言规划。作为国家重要法律的语言法和语言政策的制定及一个时期国家语言规划的出台，都要充分考虑国家的民族、人口及其语言状况。从某种意义上讲，是构建和谐民族关系的前提。哈萨克斯坦政府对此有比较清醒的认识，并做了大量工作。

　　独立初期，哈萨克斯坦与其他独联体国家一样，更加明确了将土著民族语言国家化的思想。1993年哈萨克斯坦通过了独立之后的第一部宪法规定：哈萨克语是哈萨克斯坦的共通语，俄语是族际交流语言。1995年8月30日，对宪法进行修改，新《宪法》第7条第二款规定："在国家组织和地方自治机构中，平等地使用俄语和哈萨克语。"1997年哈萨克斯坦政府颁布了《语言法》。该法令规定，"哈萨克斯坦共和国的每一位公民都有掌握国家语言的义务，俄语具有同哈萨克语同等的使用地位，每一个大众传媒划给哈萨克语的时间或篇幅当等于划给所有其他语言所占时间或篇幅之和"。同时对在哈萨克斯坦使用各种语言确立了法律基础，也规定了政府在研究和发展这些语言所必须承担的责任，表明对哈萨克斯坦境内所使用语言的同等尊重态度。

经过哈萨克斯坦成立后十年的发展，哈萨克语的共通语地位在国家和政府层面得到了初步的确立。在此基础上，1999年制定了《1999—2010年各语言功能与发展政府纲要》，将语言立法的重点放在了强调国家语言具体实施方面：加深、加强共通语的社会交际功能；保护俄语的大众文化功能；发展其他民族的语言。纲要中承认俄语在哈萨克斯坦社会生活中所起的作用。在大多数国家机关里，公文都是使用哈萨克语、俄语两种语言。同时，哈萨克斯坦政府也清楚地认识到，如何发挥语言作用，巩固民族与社会和谐发展的重要性。为了促进这部语言法的进一步实施，2001年2月7日哈萨克斯坦政府批准了《2001—2010年语言使用和发展国家纲要》。哈国政府制定该纲要的目标主要有：一是扩大和加强国语的社会交际功能；二是保持俄语的社会文化功能；三是发展少数民族语言。

作为多民族、多语言的国家，2004年，哈萨克斯坦首任总统纳扎尔巴耶夫首次提出在哈萨克斯坦推行一种语言多元化政策，即"三语"政策的构想。2007年，在其国情咨文《新世界中的哈萨克斯坦》中，纳扎尔巴耶夫决定将"三语"政策这一构想付诸实践。该语言政策的重心首先在于提高哈萨克语作为国语的地位，大力发展哈萨克语，以扩大其使用范围，其次保持俄语在国家和社会生活领域的法律地位，并对其他民族语言的发展提供政策和经济支持，第三是重视英语在哈萨克斯坦的使用和推广，使其成为哈萨克斯坦顺利融入全球化进程中的重要工具。这一新的语言政策在一定程度上确保了哈萨克斯坦国内的民族和谐和社会稳定，促进了哈萨克斯坦经济的不断快速发展，加快了其融入全球化的步伐，同时，使得哈萨克斯坦文化建设水平（特别是科技、教育、社会生活方面）不断提高。

2013年4月24日发布了哈萨克斯坦新版《语言文字法》，其中对俄语和哈萨克语在国家语言文字中的地位和作用进行定位和描述：（政府机关和法人等）在以文本形式发布公共信息时，必须用俄语和哈萨克语两种语言文字，其中左侧或上边用哈萨克语标识，右侧或下边用俄语标识，两种语言文字所采用字体大小一致。口头发布的信息、声明、广告等，可以用哈萨克语、俄语或在必要的情况下使用其他语言。可见，哈萨克斯坦政府对语言在国内的政治、经济、文化诸方面的作用及和谐社会的建设，对语言在官方和民间的作用和地位更加清晰、更加灵活、更加符合实际。

目前，在哈萨克斯坦有14种语言应用于教学当中，居前六位的是哈萨克语、俄语、东干语、维吾尔语、朝鲜语、乌克兰语等。

1. 哈萨克语

哈萨克斯坦对于哈萨克语地位的重视程度是空前的，1993年1月28日获得通过的宪法明确规定"哈萨克语是国家语言，俄语是族际交际语言"，并规定"国家总统应当能够自如使用哈萨克语"。

1996年11月4日，由官方制定的《哈萨克斯坦共和国语言政策构想》正式出台，这是一个对哈萨克斯坦语言政策具有深远影响的文件，因为这一由纳扎尔巴耶夫本人指导下制定出来的构想是随后哈萨克斯坦语言立法工作的思想源头。该文件提出了哈萨克斯坦的短期语言政策与长期语言政策的目标，那就是：国家语言的掌握，使用上的优先，以及国家语言在教育机构中的地位。总统建议在所有的官方文件与函件中都使用哈萨克语。同年，哈萨克斯坦发布了一系列法令，对各机构、组织、地理方位、火车站和机场进行命名与更名。

1997年7月1日，颁布的新《语言法》对《哈萨克斯坦共和国语言政策构想》进行了法律层面的解释，宣称"哈萨克斯坦共和国的每一位公民都有掌握国家语言的义务"，虽然俄语在所有的国家性和地区性机构军队及安全部队中，具有与哈萨克语平起平坐的地位，但是在法庭上，俄语只有在一方当事人不懂哈萨克语的时候才可以使用。另外还增加了一个附带条件："每一个大众传媒划给哈萨克语的时间或篇幅应当等于划给所有其他语言所占时间或篇幅之和"。同时法律还规定，所有的国家干部应在15年的期限内（截止到2012年）熟练掌握哈萨克语。

1999年发布的《各语言功能与发展政府纲要》对1997年《语言法》的各项措施进行了落实，确定了1998—2000年间要实现的四个主要目标：第一，从财政和组织上，为所有公民掌握国家语言创造各种必要条件。第二，为国家语言在科学、教育、文化、大众资讯以及政府管理各领域中的积极使用准备各种必要条件。第三，为将所有官方文件翻译成国家语言切实奠定基础。第四，制定措施，使所有公民都能够自由选择自己进行社会化和接受教育的语言。

在1999年通过的教育法中对学习哈萨克斯坦国语和其他语言也给

予极大关注，并规定所有学校不论是何种形式的所有制，都应该保证了解和发展作为国家语言的哈萨克语，同时也允许使用其他语言教学的学校存在。

2001年2月7日，哈萨克斯坦发布了《2010年前哈萨克斯坦共和国语言发展国家纲要》的纲领性文件，确定了各项语言发展计划，明确了在许多公共领域（包括媒体在内）推广哈萨克语的使用，促进所有层次的哈萨克语教学（既包括哈萨克语作为第一语言，也包括其作为第二语言）的各项目标和措施。随后几年，政府又对哈萨克语的使用范围的扩展另行发布了一系列指示。其中就规定"从2009年1月1日起，所有用俄语书写的官方文件都应该有一个哈萨克语译本"。

经过这两个阶段的发展，哈萨克语的国家语言地位得到了巩固，社会上对于哈萨克语的认同得到了提高，哈萨克斯坦语言立法进入了以发挥语言作用、强调民族与社会和谐的深化发展时期。

2. 俄语

在提升哈萨克语作为国家语言的地位的同时，哈萨克斯坦的语言立法中也对俄语的地位进行了保障性的规定。其变迁基本分为三个阶段：第一，将俄语定位为族际交际语的时期（1989—1994年）。在哈萨克斯坦成立前的1989年《语言法》中，在宣布哈萨克语为"国家语言"的同时，也把俄语确定为"族际交际语"。其后的1993年宪法中也有"俄语是族际交际语"的条款。第二，将俄语定位为官方语言的时期（1995—1996年）。1995年颁布的《宪法》就把俄语确定为"官方语言"，并在第七条宣布"在所有的政府组织以及地方行政管理机关，俄语都应当在平等条件下与哈萨克语一同使用"。在1996年的《哈萨克斯坦共和国语言政策构想》中也确认"在科学与技术的众多领域，俄语将继续作为信息的主要来源和一种交流工具"。第三，将俄语定位为族际交际语言的时期（1997年至今）。在1997年新《语言法》中，俄语不再被称为"官方语言"，而被成称为"哈萨克斯坦的民族语之一"。同时，在这部法律的前言称：该部法律是"对哈萨克斯坦境内各语言发挥作用的法律基础、对国家为这些语言的习得与发展创造条件的义务进行管理和规范，并保障以一种平等的、尊重的态度，一视同仁地对待哈萨克斯坦共和国境内使用着的所有语言"。

从关于俄语的语言立法变迁可以看出，哈萨克斯坦对俄语地位的定位有过摇摆，在建国初期将俄语定位为族际交际语，这实际上是在当时为了突出哈萨克语的国家语言地位而降低俄语地位的一种举动。第二个时期，是国家为了维护国家统一和社会稳定，并安抚说俄语的族群，刻意提升俄语地位的举措。第三个时期，是哈萨克斯坦正视目前俄语所具有的实际社会功能，同时又不至于使俄语在社会地位上对哈萨克语造成更大的威胁，所做出的一种平衡。

总之，与中亚其他四个国家相比，哈萨克斯坦语言政策是最为"温和"的，其最大特点是：在凸显哈萨克语作为"国家语言"地位的同时并不极端地排斥俄语，而是赋予俄语"族际交际语"的地位，同时对国内其他少数民族群体的语言地位也有所顾及。

第二节　文学艺术

在哈萨克斯坦早年的文学中，民间说唱艺术占有重要的地位。作品的主要对象是哈萨克人历史上出现的许多民族英雄、勇士。人们通过民间艺人的口头传唱将他们的故事不断流传。劳动歌曲是劳动人民创作的成果，是哈萨克斯坦文化中最古老的音乐形式之一。这些歌曲以艺术的形式反映了哈萨克族群之普通民众的劳动生活，主要与人们的游牧生活、生产方式密切相关。十月革命之前，在技术装备程度原始落后的情况下，畜牧作为哈萨克人民最主要的生产方式，常常要从事非常繁重的劳动量。这种游牧村落的半自然的经济模式不但要求每个家庭为自己的生存需要而制作各式各样的毡毯、餐具和家具，也会要求他们制作衣服、鞋子等生活日用物品。同时，这些各式各样的劳动场合一般就成为劳动歌曲产生和表演的重要文化空间。

被称为哈萨克诗圣的阿拜·库南巴耶夫在哈文学发展史上占有重要地位，他是哈萨克斯坦伟大的诗人、作家、思想家和哲学家，被联合国教科文组织列入世界文化名人予以纪念。阿拜的作品以口头形式在民间流传，后人的研究也只能凭借这些口头文学作品。阿拜创作了大量的诗歌、散文和哲学作品，诗作既富有哲理性，又富有战斗性，无论思想性和艺术性都达到了相当高的程度，其作品被称为哈萨克诗歌技巧的典范。主要作品有《我当了部落头人》《假如你心中有智慧之光》《玛赫苏特》《艾孜木》等。代表作之一的《阿拜箴言录》，凝聚了作者毕生的心血结晶。阿拜在翻译俄罗斯和欧洲的优秀作品方面也创了哈萨克的先例。阿拜的另一大功绩就是他深深地影响了包括恰克里姆、阿乌埃佐夫在内的后起之秀。1904年7月5日阿拜在故乡去世后，阿乌埃佐夫根据阿拜奇特而悲壮的生活道路创作出《阿拜之路》，这部历史小说是世界文学名著，向世人展示了阿拜为振兴哈萨克民族创立的历史功勋，被誉为哈萨克民族的百科全书，也称作"哈萨克民族的红楼梦"。1995年，联合国教科文组织打破惯例，将1995年命名为"阿拜年"。2006年4月4日，阿拜纪念碑在莫斯科揭幕，当时俄罗斯总统普京与哈萨克斯坦总统纳扎尔巴耶夫出席了揭幕仪式。2013年，习近平主席在哈萨克斯坦纳扎尔巴耶夫大学做重要演讲时，曾引用他的诗句：世界有如海洋，时代有如劲风，前浪如兄长，后浪是兄弟，风拥后浪推前浪，亘古及今皆如此。

苏联时期，哈萨克斯坦的文学创作题材和形式多样化，涌现出一批杰出的作家和诗人，江布尔·贾巴耶夫就是其中的杰出代表，他是哈萨克斯坦20世纪最伟大的行吟诗人，他在中亚地区甚至在整个苏联都家喻户晓。江布尔得过列宁勋章，得过苏联文坛的最高奖——斯大林文学奖，但是并不识字。他在哈萨克著名行吟诗人苏云拜的指导下，学习了即兴吟唱艺术，在哈萨克传统的民族乐器冬不拉的伴奏下，将各种故事、传说和史诗娓娓唱来。他的歌唱，充满了对普通百姓的同情与钦佩。他的创作，也因此获得了广大人民的喜爱。他的口头诗歌鞭挞了罪恶的旧世界，讴歌社会主义的新生活，在哈萨克斯坦文学史上留下了可贵的一页，迄今哈萨克斯坦仍有一个州用他的名字命名。阿·托尔斯泰评价他说，江布尔作品的力量在于他植根于人民群众之中，反映了他们内心深处的东西。

20世纪50年代，穆合塔尔·阿乌艾佐夫、萨比特·穆卡诺夫、哈比登·穆斯塔芬等著名作家被称为哈萨克斯坦现代文学奠基者。其中，哈萨克作家穆合塔尔·阿乌埃佐夫不仅是著名的作家，而且是著名学者、科学院院士。其长篇巨著《阿拜之路》闻名遐迩，迄今已经被翻译成135种文字出版，在哈萨克斯坦文学史上的地位很高，至今仍是哈萨克斯坦国内耳熟能详的人物。

此外，苏联时期还有一些作家及其作品也拥有自己的影响力，其作品也译成了中文。如作家杜·多斯扎诺夫的短篇小说《山隘》；作家萨尹·穆拉特别科夫的短篇小说《客人》；诗人、作家阿曼卓里·夏姆柯诺夫的短篇小说《朝霞》；作家塔哈韦·阿克塔诺夫的短篇小说《"挤托奶"的传说》；作家吾拉尔汗·包凯耶夫的短篇小说《青牛犊》；小说家萨特江·桑巴耶夫富于诗意和哲理色彩的小说《白色的阿鲁阿娜》；诗人奥尔扎斯·苏莱曼诺夫的组诗；哈赛·霍加·阿合迈托夫的小说《一篇没有见刊的小品文》；作家热合木江·沃塔尔巴耶夫的短篇小说集《黑旋风》；诗人穆哈哈里·玛哈塔耶夫的诗集《远飞的大雁》。

穆合塔尔·夏汗诺夫是哈萨克斯坦有较大影响的当代诗人。2015年，穆合塔尔·夏汗诺夫与吉尔吉斯斯坦著名作家钦吉斯·艾特玛托夫合著的对话录《悬崖边上的哀歌——世纪之交谈话录》被翻译成中文并由上海文艺出版社出版。

在电影方面，哈萨克斯坦于1930年拍出了第一部有哈萨克族演员参加并反映哈萨克斯坦人民生活的影片《草原之歌》，接着陆续拍出了《饲草断档之后》（1931年）、《卡拉套的秘密》（1932年）、《暴风雪》（1938年），以及《恶魔之路》和《仇恨》等。影片《阿曼盖里德》的问世，反映出哈萨克斯坦已经拥有较为成熟的民族创作力量。20世纪50～80年代，哈萨克斯坦电影界陆续拍出了《阿拜之歌》《他的时代将到来》《草原的女儿》《江布尔》《父亲的土地》《母亲的故事》《首领的末日》《通往西伯利亚的快车》等作品。

在音乐方面，1934年首次上演的歌剧《埃曼-肖尔潘》开了在民族史诗基础上创作戏剧节目的先河。此后，又有一批歌剧问世，如：《克兹-里别克》《扎尔贝尔》《埃尔-塔尔根》等。在戏剧方面也涌现出一批优秀作品，如《人民的学校》《教学》《红色雄鹰》《凯兹-扎别克》《阿拜》《比尔让与萨拉》《埃苏鲁》《恩里克·凯别克》《纳组古姆》《处女地之歌》等。

第三节　绘画艺术

　　19世纪初，哈萨克斯坦著名画家有符·彼特罗夫和穆·伊·穆雅戈夫等。其中，伊米利亚尔·米哈伊罗维奇·卡罗涅耶夫在阿尔泰地区旅行中创作了《悲惨的罪犯在乌斯特卡缅堡劳作》《罪犯在盐湖劳作》《彼得罗巴甫洛夫斯克风光》《伊希姆边界线堡垒》等一系列水彩画，他是第一位在俄罗斯举办哈萨克斯坦探险创作展览的人，并获得了巨大的影响。在1812至1813年间，画家卡罗涅耶夫在巴黎出版了两卷法语版的画册，画册中有描绘哈萨克斯坦的插画，如《哈萨克斯坦苏尔坦》《哈萨克人带着猎鹰打猎》《乌拉尔哥萨克支队》等作品，画家侧重于地理和结构清晰的描绘，将自己描绘的文献资料精确作为必要条件。浪漫主义艺术家阿列克沙德尔·奥谢巴维奇·奥洛夫斯基的作品表现了居住在哈萨克斯坦这片领土上的吉尔吉斯人、格鲁吉亚人、亚美尼亚人和哈萨克人。画家善于描绘战争场面，他用绘画艺术的视觉形式表述了哈萨克斯坦人民为民族的独立所付出的努力。画家阿列克沙德尔·奥谢巴维奇·奥洛夫斯基创作了一系列描绘哈萨克人以及他们的马匹和弹药的作品。其中最著名的《哈萨克骑士》《哈萨克人》《两个哈萨克骑士》。《哈萨克骑士》这幅作品描绘了哈萨克骑手与高山相互映照，通过蓝天飞来的云强调人的勇敢，暗示战争的浓烟。画家对人的着装细致描绘，画中的一支笔和一支弓箭的幻真描绘，表达了艺术家想要达到作品与历史精确的思想。

　　19世纪20—30年代，画家科·布柳洛夫和维·特洛彼尼尔（1776—1857）的哈萨克人与生活的主题绘画享有盛誉。在哈萨克斯坦乌拉尔斯克博物馆里收藏有画家维·特洛彼尼尔绘画创作。在俄罗斯国立特列季亚科夫美术馆收藏有画家科·布柳洛夫在1837年画的《瓦西里·阿列克谢耶维奇·别洛夫斯格沃将军的肖像》。画家认为哈萨克斯坦辽阔草原的浪漫主义环境和天空大块的飘忽不定的云彩是迷人的，但是，原住民族对女性的奴役是哈萨克斯坦当时政治的不完美。画家试图用艺术作品传播政治平等的民主思想，他把对政治平等的传播寄托在这些具有人文主义思想的将军身上。布柳洛夫非常尊重另一位画家尔·切尔捷耶夫创作了著名的哈萨克作曲家、歌手《达乌列·舒格列瓦（1820—1887）的肖像》。这幅作品描述了一群娱乐者，舞者站在舞台的中心，滑稽演员在一群旁观者前表演一个喜剧场景。画面中有依靠手杖站着的江布尔的首领阿力尼亚孜·卡纳达库洛夫、探险队队员玛卡达伊·荷德让赫米多夫，还有著名的摔跤牧人伊斯巴赛·奇根。画面中还有长者达乌列特格力伊的妻子萨拉达和她的儿子阿兹马特格里姆。画面中央，代表人物达乌列特格力伊同热鲁扎古一起表演冬不拉。

19世纪中期，俄罗斯完成了对哈萨克斯坦政治一体化进程，并在哈萨克斯坦境内建立了许多军事堡垒。俄罗斯对哈萨克斯坦的社会需求变得更加强烈，使团、各类委员会以及探险活动的数量大大增加。艺术家们在探险中对于这一地区的人民生活和自然环境发生了浓厚的兴趣，他们的绘画作品真实地反映了那个时代民族的特征，成为哈萨克斯坦现实主义绘画的起源。艺术家的艺术创作活动激发了更多的艺术家前往哈萨克斯坦的热情，这些艺术家也成为哈萨克斯坦现实主义绘画艺术的传播者与教育家。他们在考察和探险中加深了对东方文化和中亚宗教的了解，为哈萨克斯坦乃至中亚艺术的繁荣与发展做出了贡献，填补了这一地区由于宗教原因没有人物绘画的空白，为苏联的建立和发展奠定了基础，也奠定了20世纪哈萨克斯坦成为中亚艺术中心的地位。

达尔斯·戈尔格尔耶维奇·帅夫琴克是哈萨克斯坦历史上具有重要影响的艺术家，阿拉木图市中心一条主要街道是以他的名字命名。在流放哈萨克斯坦期间，达·戈·帅夫琴克创作了450多幅绘画作品，其中350幅都是以描绘哈萨克斯坦人民和生活为主题的作品。《哈萨克男孩生炉子》《哈萨克人在炉火旁》《傍晚的月亮》充分表达了作者对哈萨克人民内心的情感，同样表现出了画家精湛的艺术表现手法。

和达·戈·帅夫琴克同时代的画家布·扎列斯戈伊习惯了哈萨克人的生活方式，他作品中带有浓厚的哈萨克风格，他创作了《哈萨克妇女》《玛德什娜柯的花园》等一系列现实主义绘画作品。

哈萨克斯坦探险家巴维尔·米哈伊洛维奇·卡什洛夫于1856—1857年在天山进行了著名的科学探险旅行，他的水彩画1867年在莫斯科大学获得了铜奖。在圣彼得堡地理协会档案馆里保存着艺术家的

148幅从阿尔泰到谢米尔奇雅路上创作的作品。卡什洛夫的作品描绘了北哈萨克斯坦的风景和日常生活的物品、衣服、餐具等。在托穆斯大学保存的书中记载了他的18页作品《天山大自然的风》《哈萨克山脉的风景》《带着猎鹰打猎》等，成为人们欣赏哈萨克斯坦风情的重要艺术资料。同时代画家安德烈·尼古拉耶维奇·果尔罗维奇的作品《奥伦堡的牲畜市场》《草原休息》《焦虑》作品和著名画家弗拉基米尔·尼古拉耶维奇·布拉特尼果夫的作品，成为哈萨克斯坦现实主义绘画的代表作，对于推动哈萨克斯坦现代科学、文化和艺术的启蒙，有很大的历史贡献。

19世纪中期，俄罗斯对亚洲地区的探索已经呈现出了有计划的、科学的特征，一大批专业和业余画家分布在哈萨克斯坦的各个角落，他们将地区特征与自己的艺术创作融合在一起，为这一地区绘制地图，表现这一地区的自然、建筑、民族艺术。他们在这些以科学、民族地理的特征的作品和带有装饰情感的水彩画中表达了新的人文主义思想，为后来者的艺术创造奠定了基础。

画家瓦西里·格列格尔耶维奇·别尔夫的作品《作家瓦·达尔的肖像》（1871）以及与哈萨克斯坦有贸易往来的莫斯科商人赫鲁达夫的肖像《赫鲁达夫》（1868）、《哈萨克罪犯头领》（1873），表现历史题材的作品《布格耶瓦法庭》，同时代的风景画家谢尔盖·尼古拉耶维奇·阿姆莫索夫（1837—1886）的《风景》，画家谢·符·伊万洛夫的《向新的地方迁徙》（1886）等作品，表现了俄罗斯殖民统治和处于对原始统治改革时期的特征。

画家维克多·米哈伊洛维奇·瓦斯涅佐夫的作品中也体现了哈萨克主题。他应邀完成了《风景如画的俄罗斯》中有关哈萨克斯坦的插画作品《出嫁的哈萨克新娘》（1883）。在1884年和1885年的第十卷和第十一卷分别是关于图尔克斯坦和哈萨克斯坦，书中展示了哈萨克斯坦不同类型的城市、工艺作品、服饰、风景题材和名胜等。艺术家的注意力集中在这一地区的历史、考古和观察当地人民的生活，收集陶瓷、板岩的样品等工作。

在哈萨克斯坦国立艺术博物馆收藏有雕塑家阿·奥别尔的作品《骑马的哈萨克人》（1879），作品表现了骑手正在点烟斗的瞬间，这幅现实主义雕塑作品真实地再现了那个时代哈萨克牧人的特征。著名的雕塑家叶·阿·拉尔瑟尔游历了乌克兰、克里米亚、高加索和哈萨克斯坦，创作了《捕获野马》（1878）、《休息的哈萨克人》（1880）等表现哈萨克斯坦人和不同品种马的形象，自然地呈现了人和动物在静止和运动时的状态。

19世纪80—90年代，艺术家的作品大都以哈萨克为主题，当时有许多著名的俄罗斯作家和优秀的科学家在哈萨克斯坦工作，许多画家采用了现实主义的手法表现哈萨克人民的生活。在谢米巴拉金斯克博物馆收藏有巴维尔·达利特尔维奇·罗布洛夫的油画作品《哈萨克人》《哈萨克姑娘》《哈萨克老人》等现实主义绘画作品。在这里有许多俄罗斯著名的作家、教育家和艺术家，他们用不同形式的艺术作品表现了俄罗斯社会生活的民主倾向，并强调人们生活的艰辛和对幸福生活的向往。很多艺术家参与了《风景如画的俄罗斯》中哈萨克斯坦的民族地理画册的编绘，以大量的、不同种类的艺术形式，创作了一幅幅中亚地区19世纪后半叶的生活场景，作品中反映了战争、民族、社会和农民运动的主题，这些作品体现了艺术家的良知。

总体上看，20世纪以前哈萨克斯坦的艺术创作为其进一步发展留下了宝贵的文化艺术资源，这些艺术作品展现20世纪以前人类前进的足迹，为哈萨克斯坦重新审视自己的国家历史与文化创造了条件。独立后，尽管文学艺术工作者在物质上遇到一定的困难，一些人离开了自己熟悉的岗位，但多数人仍在文学和艺术的道路上艰难前行，创作着一批批优秀的作品。

1991年哈萨克斯坦宣布独立，在这种社会环境变动下，脱离了种种外界因素影响的哈萨克斯坦美术真正迎来了创作的解放，艺术的创作环境变得更加自由，艺术家们可以将自己的思想充分展现在美术创作中，他们尝试运用不同的绘画风格和绘画手法来表现自己对艺术的理解，在创作的同时寻找着适合自己的艺术手法，并试图摆脱之前美术创作的思维限制，将更多的灵感赋予在美术作品当中。在美术作品创作中，艺术家们将自己的精神思想融入作品中，将艺术的最新材料作为创作的突破点，以期在创作中表现出艺术视野的广阔。还有一些艺术家结合西方艺术色彩来扩大自己的作品形式，他们接受新鲜的"前卫艺术"，不断在美术创作中进行探索。例如，著名的艺术家鲁斯塔木就是"前卫艺术"的先锋人物，他是第一个将"前卫艺术"运用在自己作品中的艺术家，并大胆地提出了"绘画形式构造"的创作理念。走向世界领域的哈萨克斯坦的美术家也在国际上屡获大奖，这正是对哈萨克斯坦绘画艺术的肯定。例如，在2000年的"柯孜勒美术展览"中，哈萨克斯坦美术家霍比耶夫的作品《告别的人民》和《灰暗的最后一天》得到了众多艺术家的赞赏。另外，哈萨克斯坦的美术家谢尔盖伊万诺科夫和里滋蔓雷维奇、沙里耶夫等人的作品被收录在"齐莫利"博物馆，并且在新泽西的博物馆中进行展览。

第四节　　音乐艺术

在哈萨克斯坦，无论在任何一个地区，也无论在任何一个节日中，哈萨克族传统音乐，尤其是冬不拉弹奏和阿肯弹唱是绝对不会缺席的，并且是占据主体地位的传统经典节目，这也在另一层面彰显了哈萨克族传统音乐文化在整体哈萨克斯坦传统艺术文化中的举足轻重地位。

冬不拉是哈萨克人的传统乐器。琴杆细长，音箱有瓢形和扁平两种。一般用松木或桦木制作，琴颈即指板，过去多用整木斫成。音箱上有发音小孔，张羊肠弦两根，琴身有羊肠弦品位。冬不拉弹唱是哈萨克族人民最喜爱的艺术表演形式，演唱者既可用于自弹自唱，也可用于独奏或乐器合奏，表现力非常丰富。而且它轻便，易于携带，适合于草原上迁徙不定的生活，故深受人们的喜爱。

哈萨克人的音乐工作者对冬不拉进行了改革，增加了品位，改用钢丝弦，扩大了音域，增大了音量。制成有高低音不同的冬不拉。如四弦十二品的最高音冬不拉、四弦十五品的高音冬不拉、二弦十二或十四品的中音冬不拉、二弦十七品的次中音冬不拉和十品的低音冬不拉等。

冬不拉以简朴轻盈的构造，蓄纳天地万籁之声，淋漓尽致地传达出草原特殊的音乐语汇，表达着哈萨克人民的悲欢离合和喜怒哀乐。在阶级社会中，冬不拉琴伴随着牧羊人飘动的篝火，伴随着阿肯激昂不平的声调，诉说着草原上的愤懑与辛酸。流传在民间的冬不拉乐曲达200多首，其中以马为题材的乐曲最多。其次为描写狩猎生活、歌

颂美丽山河和反映青年男女爱情生活的乐曲。著名的冬不拉乐曲包括
《白天鹅》《漂亮的鸟儿》《阿达依》等，也有许多作品被做成专辑流传
下来。近年来亦有许多名人将这些乐曲演绎到世界各地。

　　阿肯弹唱是哈萨克人民悠久的民间传统艺术形式。阿肯弹唱有两
种形式：一是阿肯怀抱冬不拉自弹自唱，这种弹唱多是演唱传统的叙
事长诗和民歌；二是对唱，有两人对唱，也有多人对唱。对唱的特点
是即兴创作，具有赛歌的性质，把雄辩和唱诗结合在一起，既富生活
气息，又生动活泼。他们所唱的内容大致可分为颂歌、哀怨歌、情
歌、习俗歌、诙谐歌五大类。

　　每逢阿肯弹唱会，远近的人们身着盛装，骑着骏马，弹着冬不拉
载歌载舞来到鲜花盛开的草原上，各路歌手登场献艺，听众们喝彩助
威，经常是通宵达旦一连数日地尽兴。阿肯的主要才华表现在即兴创
作上，他们一般能够触景生情、出口成章。除了在平日生产和生活中
的即兴弹唱，阿肯的重要活动是参加哈萨克牧人聚会时的对唱。这种
对唱高潮迭起、相持不下、有时通宵不息。阿肯弹唱的歌词内容很能
表达哈萨克人的豪迈性格、反映天山草原的时代气息。特别是在对唱
中，双方歌手即兴编词，出口成章，边弹边唱，一问一答，以物比
兴，借景发挥，用优美的歌词，娴熟多变的弹奏技巧，折服对手，取
悦听众。以答词切题准确、语言机智幽默、演唱经验丰富、内容生动
有趣者取胜。弹唱会结束时，要为评选出的优秀阿肯颁发奖状奖品，
赠送精美的冬不拉。对德高望重的老阿肯，要给他们献上传统的长袷
祥。按照习俗，败阵的阿肯还要给得胜的一方赠送毛巾、手帕等物，
以示友好祝贺和虚心求教。

　　冬不拉与阿肯弹唱有着密切的联系。阿肯弹唱丰富了草原文化的
底蕴。冬不拉伴奏下的歌声，充溢着强烈的民族气质、性格、理想与
追求，散发着浓郁的生活气息与地域风情。歌词中有大量的谚语、比
喻、哲言，睿智而通俗，机警而幽默，生动而风趣，朴素凝练，浅显
易懂。弹奏曲调有的含蓄而内蕴；有的外露而奔放；有的沉稳而缠
绵；有的粗犷而强悍，融合了东方与西方音乐的元素，是哈萨克民族
历史与现实精神世界的真实反映。歌词和曲调水乳交融，飞翔在广袤
的草原上，因而形成了"歌和马是哈萨克人的两只翅膀"的写照，和
从生到死"唱着来唱着去"的民族特色文化。

第五节　电影艺术

　　20世纪以来哈萨克斯坦国内的电影发展史主要分为三个阶段：早期电影阶段（20世纪初至30年代）、苏联时期的加盟共和国阶段（20世纪30—90年代）、独立的国家电影阶段（20世纪90年代至今）。21世纪以来的哈萨克斯坦电影业发展可以分为三个阶段：20世纪90年代（1991—1999年），即"新哈萨克电影"为起点；21世纪第一个十年（2000—2010年），为国家电影产业起步与规划阶段；21世纪第二个十年（2010至今），是国家电影产业初具规模阶段。

　　"新哈萨克电影"运动的领军人物及其代表作包括：拉希德·努格马诺夫（《针》，1988）、谢里克·阿普雷莫夫（《最后一站》，1989）、阿尔达克·阿穆尔库罗夫（《奥拉特尔的覆灭》，1991）、阿米尔·卡拉克罗夫（《最后的假期》，1996）等。他们都在苏联国立电影学院（莫斯科电影学院）接受过系统的专业学习，并大多被选拔进入苏联电影制片人谢尔盖·索洛维约夫的电影工作室参加培训。正是基于苏联电影学院派的扎实传统，这批青年电影人的处女作一经各大国际电影节展映就轰动了世界影坛。这一时期在苏联国有制片厂体制内悄然产生了一种新的电影生产模式，即私人电影制片厂。1989年，波拉提·奥马洛夫向银行贷款拍摄完成了两部电影《东方长廊》和《黑社会》。这两部影片都深受观众喜爱，于1991年在独联体国家电影市场大卖，成为哈萨克斯坦第一部盈利的影片。私人电影厂充当了哈萨克斯坦电影产业发展的探路者，在国内经济恶化的情况下，摸索出了引进国外资本、合作拍片等方式，为21世纪哈萨克斯坦国家电影产业规划开拓出新的方向。

　　独立后二十多年，新兴的民族独立国家建构了统一的国家主流意识形态。哈萨克斯坦借哈萨克汗国成立550周年（2015）、共和国独立25周年（2016）之际，推行民族文化复兴战略。对外，哈萨克斯坦一直奉行多维度灵活外交政策，积极与各国展开合作。在中亚这个大国博弈的棋盘上，力图走出独立的发展之路，并不断建构自身作为中亚大国的形象和自信。因此，哈萨克斯坦的国产电影一直承担着打造国家形象、推广外宣和文化交流的政治使命。2009年，哈萨克斯坦《文化法》修订，第28条针对电影产业提出二十多项意见，首次引入"国家电影""联合摄制""影片分级"等概念，从机制和政策层面推动国产电影发展。条文明确提出，国产电影的标准为：影片艺术水平较高，能满足人民精神需求，服务于国家利益，同时能通过电影艺术提高哈萨克斯坦共和国在世界舞台上的辨识度；影片的摄制部分或全部纳入国家预算；根据哈萨克斯坦共和国批准的国际性协议条款，与外国电影组织联合拍摄的影片可以被认定为国家电影；国家电影的发行必须使用哈萨克语，必要时可用其他语言；2012年1月1日起，所有引进（派送）至哈萨克斯坦共和国境内发行的影片，除从外国电视频道转播的影片外，都应用哈萨克语配音。国产电影产业政策的重点方向为：制作包括儿童和青少年电影在内的历史纪录片和国家电影；保留并发展电影制作的物质技术基础；为国家电影创造优先于国外电影的摄制、拷贝和发行条件；举办电影节等活动；加入国际性电影组织，参加国际电影节和竞赛等。

在这一背景下，哈萨克斯坦国产电影业也逐渐发展壮大。2005年影片《游牧战神》第一次让国内观众信服国产电影确实是存在的，2007年国产片《大盗》赢得了很高票房和收视率，2008年仅有4%的观众观看国产片，2011年国产电影观众比例上升至10%，2012年的年度总票房冠军是国产片《千骑勇士》，2013—2017年本土票房占总票房的5.5%~6%。根据俄罗斯涅瓦电影研究所的数据显示，2016年哈萨克斯坦电影市场的表现为独立以来最佳，已发展成为继俄罗斯、乌克兰之后的独联体第三大电影市场。2016年哈萨克斯坦总票房为142亿坚戈，较2015年增长了25%，观影人次达到1380万，售出电影票数量增加了28%。2016年共上映30部国产片，其中最受欢迎的是2014年《新娘赛宾娜》的续集《新娘赛宾娜2》，观影人数超过33万人次。

2016年9月，哈萨克斯坦电影工作者联盟制定了《哈萨克斯坦2050年前电影发展理念》，这是促进哈萨克斯坦电影业发展的重要举措，作为电影领域相关国家机关和行业组织的协调机制和行动计划。主要内容包括：在哈萨克电影制片厂基础上建立一整套产业链，设立国家电影基金会负责影片集中收藏保存；建立电影制片特别经济区，减少国产电影产品税，电影工作室享受经济特区优厚政策和降低外国人在哈拍摄电影的税收；推行电影票电子化，为影院销售与电影文化的传播提供高效的渠道；提出加强电影业国际合作的一系列设想。2016年底，举行了首届哈萨克斯坦电影行业论坛，围绕新出台的《电影制作法》进行主题圆桌会议。

2017年3月27日，隶属于哈巴尔电视台的国产电影频道"国家频道"正式开通。该频道只播出哈萨克斯坦电影、电视剧和纪录短片等，哈萨克语电影比例占50%以上。该台与哈萨克电影制片厂达成协议，向电视观众播出优秀国产电影作品。

哈萨克斯坦一直不遗余力地向外推广本国文化，加强与各国的文化交流，把提高本国文化的国际影响力作为国家软实力建设的重要战略。由哈萨克斯坦文化部、阿拉木图市政府、哈萨克斯坦国家电影制片厂与哈萨克斯坦电影家协会共同举办的欧亚国际电影节，是哈萨克斯坦第一大国际电影节。其主要目的是促进哈萨克斯坦电影产业的发展和构建欧亚大陆间的电影合作与交流。按照电影节官方资料的介绍，欧亚国际电影节是得到国际电影制片人协会认可的电影节之一，与韩国的釜山国际电影节、济州电影节以及比利时奇幻电影节同属于B级。哈萨克斯坦举办的第二大国际电影节是开端电影节，这是一个欧亚地区重要的青年电影节，是为展示大学生电影和电影人处女作而设立的，不以商业目的为主，而是把人才培养、人才交流和影视文化普及作为主要目的，力图发掘当代电影中的青年人才。

第六节　文化设施

1. 哈萨克斯坦国家博物馆

1998年3月17日，哈萨克斯坦首任总统纳扎尔巴耶夫在哈国家委员会扩大会议上提议建造国家博物馆。2014年7月2日，哈萨克斯坦国家博物馆正式开放使用，由此便同独立广场"哈萨克耶勒"纪念碑、独立宫、和平和谐宫、哈兹列特苏丹清真寺以及哈萨克国立艺术大学一同成为首都标志性建筑之一。哈萨克斯坦国家博物馆是利用现代技术建造的世界十大博物馆之一。博物馆总面积达7.4万平方米，由最高9层高的7栋楼块组成。国家博物馆内拥有面积为1.4万平方米的展区和"努尔苏丹""独立哈萨克斯坦""阿勒腾""古代和中世纪的历史""历史""民族志""现代艺术"等专题展区以及几个临时展厅。哈萨克斯坦国家博物馆配备了符合国际标准的设备，其中包括曲面屏幕、地板屏、首都中心地段动态模型、全息投影、LED技术等。

走进国家博物馆能够看到金色的太阳和展翅飞翔的雄鹰，哈萨克斯坦国旗中的太阳与雄鹰象征着自由和广阔的胸怀。位于博物馆中庭的金色雄鹰每两小时会自动展翅飞翔，并飞过辽阔的"哈萨克斯坦大地"。同时，当雄鹰飞行过程中大厅周围会显示出哈萨克斯坦的自然景点以及各城市的著名建筑。

阿勒腾展厅总面积为2 000平方米，由上下两层组成。主要展品为20世纪60年代在叶斯克古城出土的"金人"和毕热勒马匹复原模型，叶斯克古城考古研究工作发掘出的4 000多件黄金古物。

努尔苏丹展厅和独立哈萨克斯坦展厅都具有珍贵的展品。独立哈萨克斯坦展厅展出了国家历史上的重要文件以及独立初期各领域所获得的成就，还包括"金色雄鹰""崇敬""国家""勇气""荣誉""友谊""尊敬""雪豹"等勋章和奖章。展厅还包括展现真正国家价值的国家象征。努尔苏丹展厅向人们展示了首都历史和迄今为止的城市发展历程。

民族志展厅展示了哈萨克民族的传统文化。展厅介绍了哈萨克民族游牧和定居的演变过程以及精神文化遗产，其中包括哈萨克毡房。民族志展厅配备了最新的创新技术。毡房上方显示着蓝色的天空，周围的环形屏幕则展示了传统的哈萨克乡村文化，展厅奏响的音乐让参观者仿佛亲身经历哈萨克民族千年的历史文化。

古代和中世纪历史展厅呈现出了历史的缩影，该展厅主要由四个部分组成："石器时代的哈萨克斯坦"展区中包括体现欧亚大陆最初的新石器时代和青铜时代之间的过渡性时期的博泰文化遗产等；"青铜时代的哈萨克斯坦"展区展示了独特的陶瓷文物、武器和工具以及珠宝艺术品等；"早期铁器时代与古游牧时期的哈萨克斯坦"展区展示了塞迦时代的"动物风格"的遗产；"中世纪的哈萨克斯坦"展区展示了当时的手工艺品，包括用陶瓷、金属、骨以及木头制成的物品。展品主要包括从萨莱城、突厥斯坦、讹答剌、詹肯特、塔拉兹等古城挖掘出的文物。

历史展厅主要展示了13—20世纪的哈萨克斯坦历史。蒙古帝国分裂后在哈萨克土地形成的国家，其中包括哈萨克汗国的成立、兴盛以及灭亡；哈萨克可汗历史：可汗、勇士、高官等。此外，还包括哈萨克历史上的著名人物的历史，其中包括阿拜·库南巴耶夫、乔罕·瓦里汉诺夫、俄布拉伊·阿勒腾萨林、沙卡热姆·库达伊别尔德吾勒等。

历史展厅还展示了哈萨克民族精神的复兴、哈萨克知识精英们的历史、国家新闻处的形成、政党的成立、1905—1917年期间纸币、"阿勒吉尔"集中营以及第二次世界大战时期的历史文物。

2. 哈萨克斯坦阿斯塔纳国家图书馆

哈萨克斯坦阿斯塔纳国家图书馆是为哈萨克斯坦共和国首任总统设计的一座国家图书馆。国家图书馆由四个主体组成:由环形结构所构成的国家资料库、由螺旋轨道所构成的公共区域、由复杂的几何结构所构成的莫比乌斯带以及由放射状公园环境所构成的建筑环境。环形结构与蜿蜒的轨道所构成的曲径使图书馆的内部结构既严密又具趣味性。建成后的图书馆能满足诸如学生、研究者、市民以及游客等不同人群的需求。整个建筑由两部分连锁的结构组成，共同构成一个完美的圆形和公共的盘旋空间。

阿斯塔纳国家图书馆的设计将四个通用的空间原型与时间结合在一起，形成了一个新的国家象征：圆、环形建筑、拱与毡房以莫比乌斯环的形式融合为一体。圆形建筑的庭院，拱形的通道和柔和的毡房剪影造型结合在一起创建出了一个兼具地方和国际性，既现代又永恒，既独特又具有建筑归属感的全新的国家纪念碑。

这座图书馆所具有的意义远大于建筑设计本身所带来的挑战。它不仅将成为哈萨克斯坦的民族象征，同时也是其民族地位的象征，这座文化中心将反映并镌刻出哈萨克斯坦主权的建立与发展，并见证这个国家在历史、政治、人民生活等各方面的发展。

3. 纳扎尔巴耶夫大学

纳扎尔巴耶夫大学位于哈萨克斯坦首都努尔苏丹，这所大学是由哈萨克斯坦首任总统纳扎尔巴耶夫倡议创立的。同时，这所学校也是哈国内第一所自治高校，于2010年9月正式招生。纳扎尔巴耶夫大学设有8个学院，提供预科项目，19类本科学位项目，25类硕士学位项目，3类普通博士学位项目以及医学博士学位项目。纳扎尔巴耶夫大

学以世界级研究型大学为建设目标，为此，在创始之初即与多所国际
一流院校合作办学，在课程设计、学生培养、学科建设、教师培训、
科学研究等方面深度合作。

第六章 社会

第一节 人口和民族

一、人口

众所周知，人口的变化情况常常从一个侧面反映出一个国家政治、经济、文化等领域的特征。一些重要的人口指标是社会发展状况的晴雨表，社会变革的综合效果必然会从人口的特征上表现出来。苏联解体后，哈萨克斯坦由一个从属的区域成为独立的主权国家，其社会发生了深刻的变化，这些巨变给哈萨克斯坦人口带来了巨大影响。

总体上看，哈萨克斯坦人口变化情况表现为出生率和死亡率均出现下降，而这种规则性的下降趋势表明了一个国家经济发展状况向稳定方向转变，人民生活和社会保障水平有所提高。此外，移民状况也有所变动，就移民的方向来看，哈萨克斯坦移民的方向主要集中在独联体国家内部，移往非独联体国家的移民数量近年来持续减少。

据哈统计委员会发布数据，截至 2019 年 1 月 1 日，哈萨克斯坦总人口为 1 839.57 万人，较 2018 年同期增长 1.3%，增加 23.86 万人。其中，城市人口 1 063.87 万人，占比 57.8%；农村人口 775.70 万人，占比为 42.2%。

哈萨克斯坦是一个由多民族组成的国家，截至 2015 年 4 月的相关统计。哈萨克斯坦拥有人口 1 740 万人，分属于 140 个民族，其中最主要的民族有：哈萨克人、俄罗斯人、乌兹别克人、乌克兰人、维吾尔人、鞑靼人、德意志人、白俄罗斯人、朝鲜人、阿塞拜疆人、波兰人、土耳其人、车臣人、巴什基尔人、希腊人、东干人、摩尔达维亚人、塔吉克人、库尔德人、亚美尼亚人、印古什人、汉人、楚瓦什人、犹太人、吉尔吉斯人等。

数字表明，1979年时哈萨克斯坦境内的哈萨克族人数少于俄罗斯人，到1989年时反超俄罗斯人。而到2014年情况发生巨大变化：哈萨克族人数不仅远远超过俄罗斯人，而且在全国已经稳居多数。这是哈萨克斯坦独立后一直追求的目标。与俄罗人族情况相似的还有乌克兰族、德意志族。德意志族人口的大量外迁，使该民族人口占全国总人口的比重急剧下降，已经退出前六名行列。而维吾尔族人口数量已经上升到第五位。这种情况与各民族的人口自然增长率有关，同时也受到斯拉夫民族与德意志民族人口大量外迁以及哈萨克人人口回归的影响。

哈萨克斯坦主要民族居住相对集中。哈萨克族集中在该国南部和西部，俄罗斯人较多生活在北部、中部和东部，乌克兰人和德意志人多生活在北部和东部，乌兹别克族生活在南部。哈萨克人在该国大部分州的人口中占多数。近年来哈萨克族人口呈现向首都和阿拉木图等大城市迁移的趋势。

二、移民政策及民族结构的变化

沙俄对哈萨克斯坦的大规模扩张从18世纪初即已开始，到19世纪中叶完成了对哈萨克斯坦的全部占领。在以后一百多年间，共出现了五次大规模移民过程，其中四次表现为俄罗斯、乌克兰、白俄罗斯、德意志等民族向哈萨克斯坦地区的移民，一次表现为俄罗斯等民族离开哈萨克斯坦的移民。第一次移民高潮持续时间较长：1895—1905年从俄罗斯迁往哈萨克斯坦草原省的即达294 296人，1906—1910年则超过77万人。大量俄罗斯移民进入，使哈萨克斯坦民族结构开始发生变化。第二次大规模移民过程发生在苏联20世纪20至30年代工业化时期。1926—1939年间俄罗斯人在哈萨克斯坦的比重由20.9%上升到40.2%，而哈萨克人则降至33.8%，成为哈萨克斯坦境内的少数民族。第三次俄罗斯人移民潮发生在第二次世界大战期间。这次移民成分复杂，总数达到150万人。第四次移民潮发生在20世纪50年代苏联大垦荒时期，此次向哈萨克斯坦移民达百万人之多。正是由于以上四次大规模移民，哈萨克斯坦的俄罗斯人剧增。苏联解体前，1989年进行的人口统计表明，哈萨克斯坦的俄罗斯人已达到622.6万人，而哈萨克人也只有653.5万人。两者相差无几。

哈萨克斯坦在其独立后的"民族国家建设过程"中，为了振兴主体民族，复兴主体民族，巩固以主体民族命名的国家，制定并实施了一系列扩大主体民族人口地位的民族人口政策，如采取积极的人口生育政策，提高本国公民、特别是哈萨克族居民人口出生率；推行民族和睦政策；鼓励国外的哈萨克人返回哈萨克斯坦、实行双重国籍，等等。

根据首任总统纳扎尔巴耶夫的指示，从2018年3月16日开始，针对所有自其他国家回归哈萨克斯坦，但尚未取得哈萨克斯坦国籍的外籍哈萨克人，启动了延长其《回归者》待遇证书期限的政策。拥有《回归者》待遇证书的外籍人士，可通过简化程序获得哈萨克斯坦公民身份和国籍。根据相关规定，《回归者》待遇证书有效期为一年，自获取之日起开始计算，逾期失效。而新政策允许未能及时在期限内获得哈萨克斯坦国籍的外籍哈萨克人族裔，将持有的《回归者》待遇证书期限延长至2019年12月31日。截至2019年8月26日，共有5 789人延长了《回归者》待遇证书期限，其中4 909人已提交入籍申请。而据哈劳动和社会保障部9月5日公布的数据显示，2019年前9个月共有1.07万名哈萨克人回归哈萨克斯坦，获得哈萨克斯坦国籍。

在哈萨克斯坦还有57个人口极少的民族，每个民族的人数一般不超过200人。其中有14个民族的人数已不足10人，他们分别是阿留申人、伊特里门人、开特人、里福斯人、曼西人、涅吉达尔人、尼福赫人、奥罗克人、奥罗奇人、萨阿米人、谢利库人、乌耳奇人、艾涅茨人和犹加吉尔人。这些族群大多来自俄罗斯的边疆地区及民族地区，他们基本不使用母语，其文化已不复存在，已融入其他民族族群，被其他民族同化。由于这些极少人数民族的存在，既反映出哈萨克斯坦民族的多样性，也折射出在哈萨克斯坦的各人口极少族群的历史和命运。

哈萨克斯坦存在多种宗教，包括伊斯兰教、东正教、基督教新教、佛教、犹太教等。其中以伊斯兰教和东正教为主。

哈萨克斯坦虽然有多种宗教，但伊斯兰教无疑是第一大宗教。生活在哈萨克斯坦境内的哈萨克族、乌兹别克族、鞑靼族、阿塞拜疆族、吉尔吉斯族、维吾尔族、车臣族、塔吉克族、库尔德族、东干族等20多个民族信仰伊斯兰教。信教人数最多的地区为哈萨克族和乌兹别克族人口最集中的南部和西部地区，主要在江布尔州、南哈萨克斯坦州、西哈萨克斯坦州、克孜勒奥尔达州、阿特劳州、曼吉斯套州、阿克托别州等。东正教为哈萨克斯坦第二大宗教。信仰该教的主要是俄罗斯族、乌克兰族、白俄罗斯族等。

1. 伊斯兰教

哈萨克斯坦伊斯兰教的建立是一个漫长而复杂的过程。公元874年，信仰伊斯兰教的萨曼王朝建立。9世纪萨曼王朝向北部草原游牧民族葛逻禄部（后来融合于哈萨克族中）派出了许多传教士，他们想尽办法让当地牧民皈依伊斯兰教。萨曼王朝征服的直接的表现就是893年在聂斯脱利派教堂废墟上建成了一座清真寺。自此葛逻禄部落所有人民信奉了伊斯兰教，草原游牧民族信仰伊斯兰教的序幕由此拉开。随即突厥汗国的统治者宣布伊斯兰教为国教，伊斯兰教在哈拉汗王朝得到加强。公元12—13世纪，对伊斯兰教的传统方式和宗教仪式进行了改革，其中亚塞维是改革派的最著名代表人物。亚赛维的改革思想可以归纳为两点：一是禁欲思想，即反对统治阶级的奢侈享乐，提倡贫民般的艰苦朴素。二是恭顺思想，即要求贫民恭顺听命。亚塞维改革对促进哈萨克斯坦伊斯兰化做出了卓越贡献，也为带有草原游牧特点的伊斯兰文化的形成奠定了基础。13世纪，成吉思汗西征，随即中亚地区并入蒙古。蒙古人出于统治的需要对当地宗教宽容对待。因此在蒙古统治中亚时期哈萨克斯坦的伊斯兰教进程得到加强。

18世纪到19世纪期间俄国沙皇积极支持伊斯兰教，并到处建造清真寺。叶卡捷琳娜二世依个人意愿向哈萨克斯坦派遣训练有素的毛拉，这其中主要是鞑靼人。苏联时期"伊斯兰教的活跃"引起了苏维埃当局的格外关注，政府认为伊斯兰教对苏维埃政权与共产主义意识形态构成了威胁。于是他们号召人民群众反对伊斯兰教，甚至关闭清真寺、宗教学校、伊斯兰经学院和一切宗教活动场所，没收伊斯兰宗教界的一切财产，取缔伊斯兰教组织。直到1943年，政府批准重新开放了以前关闭的清真寺，停止了对伊斯兰教宗教活动的限制。

20世纪80年代末，早在哈萨克斯坦独立前，伊斯兰教影响已开始增加。1990年1月12日，哈萨克斯坦成立了独立的"穆斯林管理委员会"，脱离设在塔什干的"中亚和哈萨克斯坦宗教管理委员会"的领导。拉特别克·乌雷·尼桑巴耶夫被任命为首任大穆夫提。1991年1月31日，东正教事务管理局决定在哈萨克斯坦设立3个教区：阿拉木图-塞米巴拉金斯克主教区、希姆肯特-努尔苏丹主教区、乌拉尔-阿特劳主教区。1992年，哈萨克斯坦的宗教事务管理机关创办了《伊玛洛（信仰）》报来宣传伊斯兰教的基础知识。

2. 东正教

19世纪40年代，沙俄向中亚殖民扩张，东正教通过传播教义、发展信徒，慢慢地渗透到了中亚各国，在哈萨克斯坦也得到传播，这也拉开了哈萨克斯坦信奉东正教的序幕。俄罗斯农民和哥萨克开始大量迁移，随之东正教开始迅速发展起来。1890年至1916年间大批俄国中部农民迁入中亚，东正教在中亚有了相当规模的势力范围。总体上看，东正教在哈萨克斯坦的影响呈由北向南逐步减弱的规律。

苏联建立初期，苏联官方对哈国实行宗教信仰自由政策，并强调要尊重信教者。后来相对宽松的宗教政策变为反宗教政策，所以在整个苏维埃反宗教法实施过程中，影响最大，特权最多，实力也最雄厚的东正教受到的打压也是最大的。许多19世纪建立的东正教教堂遭到破坏或烧毁，而仅存的教堂也被改用作学校、仓库或其他用途。卫国战争期间，苏联当局暂停实行反宗教政策，而是大力鼓励宗教人士积极投入到战争中去，对待东正教的态度也较为缓和。于1945年成立了阿拉木图和哈萨克斯坦教区（主教管辖区），第一执政主教是圣尼古拉斯（莫吉）。

东正教是哈萨克斯坦信教人数仅次于伊斯兰教的宗教。俄罗斯东正教教会扮演的角色越来越重要：不仅在教堂和公共祈祷场所开设学校用来教授东正教的知识，在专门做礼拜的学校对孩子和成人授课，而且对哈萨克斯坦部分教堂和教会场所进行修建，修复旧的文化建筑。除此之外，俄罗斯东正教教会开展具体的慈善工作。莫斯科和全俄东正教大牧首基里尔于2010年1月曾访问哈萨克斯坦，访问期间，同哈萨克斯坦首任总统纳扎尔巴耶夫举行会谈，讨论了各宗教、各民族间和平共处的问题，还为新建在努尔苏丹的东正教圣母安息大教堂举行了隆重的开光仪式。

第三节　风俗习惯

哈萨克人长期过着游牧生活，他们的生活中保留了许多游牧民族的特点和风俗习惯。"马背上的民族"，这种形象的说法既是对哈萨克文化的高度概括，也是对哈萨克民族习俗的生动描述。哈萨克人的衣食住行、婚丧嫁娶、服装服饰、风俗礼仪等方面都反映出一个从游牧转变到定居的民族的鲜明特点。

❀ 一、衣、食、住、行

1. 传统服装

哈萨克斯坦的传统服饰简单又理性，可适应不断迁徙的游牧生活和复杂多变的天气状况。哈萨克斯坦人日常穿着的服装以舒适为主，辅以简单装饰，布、皮、毡、毛都是常用材料。哈萨克斯坦服装最初是由毛皮、薄毛毡和羊毛布料制成的，在19世纪后期变成了棉花、丝绸、锦缎和天鹅绒等材料。此外，人们还利用毛和皮制作了大衣、帽子、背心、长裤和冬季外套。传统的服饰反映了社会地位和年龄，贵族用进口面料做衣服，贫民则穿皮草、皮革和自制的羊毛制品。哈萨克民族服装具有耀眼的色彩、保守的风格和独特的装饰，主要有4种装饰图案：几何、动物形态、宇宙和植物。主要传统服装包括：

沙番是哈萨克斯坦最为古老的男女传统外套。在18、19世纪，富裕的哈萨克斯坦人用精美的刺绣装饰麂皮服装，结合亚洲古法的剪裁方法，在宽松的长袍中间开缝以适应在帐篷里席地而坐和骑马时穿着，裙子的流褶最大限度地隐藏身体形态，这既适应当地人的生活方式又符合穆斯林的道德准则。沙番的领部、袖口、下摆和缝边常用黑色丝绒装饰，配以像缠绕植物的精美波纹刺绣图案。背部多用源自古代、色彩斑斓的玫瑰状植物群装饰，象征着太阳、月亮和星星。

男士服装是由内衣、肩布服装、土布长袍、宽裤和靴子组成。几个世纪以来，组成服装的基本元素保持不变，只是用装饰、材质区别出人们的社会地位。

库普是一种更为轻薄暖和的外套，内衬驼毛或羊毛，外部是天鹅绒或其他粗糙耐穿的防污面料。女式库普在衣领上有刺绣装饰，袖子底边上有水獭皮，在春、秋季节是不可或缺的衣服。

彤也是冬季服装的常见款式，它由羊皮、狼皮和其他野生或家畜动物的皮毛制成，非常适合哈萨克大草原的气候条件。彤有很多种类，其中浣熊皮大衣、黑狐皮大衣、海狸皮帽、骆驼皮大衣被认为特别有价值。

在传统的女士服装中，连衣裙称作奎丽可。它的造型像长裙，袖子和衣领都为精致装饰丝边的轻质蓬松材料，未婚女孩儿穿着它既神秘又优雅。多数年轻女性更喜欢鲜艳和红色的衣服，在领口、袖子和下摆都有刺绣和亮片装饰。

咖姆昭也是流行服饰，常用金属扣或银扣装饰，有无袖和带袖两种，其中有袖的咖姆昭叫作栢西蒙特，年轻女子的咖姆昭比老年女性的更加鲜艳。除此之外，还有几种流行的服饰，如内料絮有棉花保暖性较好的斯冒拉，保暖绒毛为里料的铠皮套，用毛皮制成且带有装饰性图案的沙布。

和其他民族女性一样，哈萨克女性头饰也可以反映出婚姻状况。帽子分为塔克雅和珀乐克两种，塔克雅用金银线刺绣，装饰硬币、珠子、漂亮的纽扣和珍贵的宝石。已婚女孩会戴兑米西克，像穆斯林妇女戴的轻质材料制成的头巾，面部开口，装饰珠子、珍珠或珊瑚。珀乐克是饱暖帽，很像男人的帽饰，装饰修剪后的水獭坯、金色的缎带和大量的珊瑚。

制鞋是哈萨克的一种成熟工艺，传统制鞋所需的牛皮绳、皮带、外皮、筋线和鞋楦都可由鞋匠制作。传统的哈萨克鞋有一个特点——鞋底是切方的男性主要穿马靴或长筒靴，鞋口有一个很尖的卷边，造型十分精美。

2. 饮食文化

在饮食方面，哈萨克人具有游牧民族的特点。历史上他们过着食肉饮酪的生活，以食羊肉、马肉、牛肉、骆驼肉和喝奶为主，饮的酒为马奶酒。食用粮食少，水果以瓜类和葡萄为主。食品多自制。苏联时期以及独立后，受俄罗斯人的影响，哈萨克人的饮食文化发生了较大变化，例如，餐具为刀叉，实行分餐制等。但是，哈萨克人饮食文化仍具有自身的特点。他们一般每日三餐，热食为主，早餐和中餐通常为馕、鸡蛋、干鲜水果和酸奶或茶。肉食以羊肉为主，其次是牛肉和马肉，马肠是哈萨克人美食之一。哈萨克人还喜欢食用各种奶制品。近年来西方饮食文化也大举进入哈萨克斯坦，各类快餐出现在哈国的街头巷尾。现代哈萨克人的饮食文化正呈现出民族的与外来的相互交融的特点。

哈萨克斯坦的特色食品有馕、包尔沙克（油炸面疙瘩）、哈萨克抓饭、哈萨克手抓肉、羊杂汤、熏肉、马肠、马肉、马奶、骆驼奶，以及各种奶制品、奶茶等。其中马奶为饮食佳品。熏肉和马肠是招待客人必备食品；手抓肉颇具特色，不能不吃。

3. 居住出行

哈萨克人近百年来在居住方面发生了巨大的变化。从居住上可以看出由游牧为主向以定居为主的变化过程。从事放牧的哈萨克人住在圆锥形毛毡帐篷中，帐篷已现代化，多配备小型发电机、电视机、收录机等。定居农牧民多居住在砖木结构的住房中，内部陈设讲究，但具有民族特点，有天花板、地板、地毯，住房附近有果园、菜园。城镇居民多居住在苏联时期随处可见的那种标准公寓中，一般有煤气、暖气和电。富有的家庭还在郊区或风景秀丽的地方建造自己的别墅。哈萨克人的出行也与时代同步。在城市中以汽车和摩托车为主，大城市中没有以自行车作为交通工具的情况，在农村偶见。牧区仍以马代步，但许多家庭也拥有汽车和摩托车，在农业地区也有马拉木车的情况。

二、节日风俗

据调查，哈萨克斯坦是一个有着无比丰富节日习俗的国家，这里几乎每月都有节日。一年之内的节日主要包括新年（12月30日）、情人节（2月14日）、妇女节（3月8日）、纳吾鲁孜节（3月22日）、阔孜阔尔别希巴彦节（4月15日）、民族团结日（5月1日）、祖国保卫者日（5月7日）、胜利日（5月9日）、儿童节（6月1日）、努尔苏丹节（7月6日）、宪法日（8月30日）、学习日（9月1日）、教师节（9月5日）、语言节（9月22日）、城市节（9月24日）、共和国日（10月25日）、大学生日（11月17日）、独立日（12月16日）等，此外还有开斋节（伊斯兰教历十月一日）、古尔邦节（伊斯兰教历十二月十日）等伊斯兰教节日。其中，新年、纳吾鲁孜节、独立日、古尔邦节被哈萨克斯坦人视为较为重要的节日，且节日期间的音乐活动多姿多彩。

　　哈萨克族作为穆斯林，每年有三大宗教节日：纳吾鲁孜节、开斋节和古尔邦节。纳吾鲁孜节是哈萨克人最重大的传统节日，相当于中国汉族的春节。人们穿新衣，吃年饭，相互拜年，开展文体活动，热闹非常。开斋节又称肉孜节。伊斯兰历每年九月是斋月，其间，穆斯林每天只能在日出前和日落后饮食，封斋结束后开始为期3天的盛大节日庆祝，称开斋节。古尔邦节又称为宰牲节，是伊斯兰教历的新年，即伊斯兰教历十二月十日。节日期间，家家制作油炸馓子和各种精美点心，宰牲畜，相互串门贺节，还要去做礼拜。

❀ 三、交际礼仪

　　哈萨克斯坦的传统服饰与游牧习俗密切相关，崇尚勇武的哈萨克民族素有使用动物毛皮装扮自己的习惯。

　　1. 礼仪

　　（1）见面

　　中国人一般在第一次认识时握手，熟人打个招呼，一般不再握手。但哈萨克人除了第一次认识要握手，平常在一天中与熟人第一次见面一般也要打招呼握手。对于上级和年长的人，下级或者年轻人要伸出双手握住对方的手。伸出双手与别人握手也表示对对方的尊重。在哈萨克斯坦，告别后跨门槛时，一人在屋内，一人在屋外，两个人是不能握手的。两个人要握手，要么在屋里，要么都在门外。

　　（2）拜访

　　哈萨克人能够邀请你到家里拜访或者在家里接待你，是把你视作尊敬的客人。一般家里都要准备一桌酒席，哈萨克语叫"达斯特拉罕"。家里的男主人或成年孩子与客人围坐，女主人上菜倒酒端茶等，有时候女主人也陪坐，小孩儿不上桌。一般饭后都有甜点和茶水。无论吃得习惯还是不习惯，都要尽可能表现出你喜欢主人准备的饭菜。到家里拜访带上礼品，主人会更高兴。

（3）宴会

哈萨克族曾经是马背上的民族。受地理气候以及生活方式等因素影响，现在的哈萨克人，能歌善舞，爱运动，喜欢集体活动，保留着豪爽开朗、热情奔放的民族性格。在哈国，稍大的宴会（除官方非常正式的那种），包括员工聚会、生日聚会、婚宴等，其间只要有音乐，大家就会跳起来，会跳不会跳的都会参与其中。在稍正式的宴会上，一般都要祝酒。祝酒的方式是端酒站立，结合酒宴的主题（婚礼、生日、朋友聚会、家里拜访、商务宴请等），或回忆过去、友情，或赞扬感谢感恩，或展望未来祝福，可长可短。

（4）生日

生日在哈萨克人生活中极为重要，不少人宁愿请假一两天不要工资不上班，一定要与亲人朋友一起庆贺自己的生日。有身份、有地位或有影响的人的大寿，庆祝宴会的场面隆重宏大，朋友满座，甚至不少人专程不远千里赶过来祝寿。需要注意的是，哈族人忌讳在生日前任何时间向他们祝贺生日，哪怕提前一天祝贺也不行。但如果你忘了或者不在，在其生日之后弥补，向他（她）表示祝福是可以的。

2. 社会文化

（1）家族观念

哈萨克人的家族观念很强，子女定期探望父母，家族所有人在主要节假日时要相聚。哈萨克族人口总量不大，人与人之间比较注重结识和交往，并经常以兄弟姊妹相称。

（2）长老会

在哈萨克斯坦，从州到区乃至村庄，都建立了从上到下的组织联系体系，这里暂且称其为长老会。长老会有定期活动。因为哈萨克有尊老的传统，所以这些长老的意见或提议对当地社区、市州政府都有一定程度的影响。一些大公司的退休员工中也有长老会成员，有些还是积极的活动者。

（3）工作关系

在哈萨克斯坦的工作场所，上下级关系非常严格。无论是在政府还是在企业，"官大一级压死人"在哈萨克斯坦常常可以见到。在正式场合，对上级一定要用尊称或头衔（尽管可能是熟人或老朋友），对于老人也尽可能用尊称，对于下属和年轻人，则可以直接叫名字或简称。

3. 生活习惯

受俄罗斯影响，哈萨克人的饮食习惯与西方人的用餐方式类似。哈萨克族人吃饭采用分餐制，习惯用刀叉勺盘等，碗（深碟）只用于盛汤。菜以生吃为主，主要为西红柿、黄瓜、柿椒、小葱和圆葱等，一般没有蘸酱或调味品，全部自然味。圆白菜、胡萝卜等常切成碎片凉拌。酸黄瓜、腌西红柿、泡菜也有。哈萨克族人很少吃带叶的蔬菜。肉以羊肉、鸡肉、鱼肉、牛肉为主，也有鸭肉，多为烧烤或煎炸，羊肉也经常水煮。

在家居方面，哈萨克人非常讲究，只要有条件，房子盖得尽可能漂亮，装修尽可能奢华，家具摆设都要精致。房子的面积一般都比较宽敞，外表可能不怎么样，但房子里装修都很好。在衣着方面，哈萨克族男女，无论有没有经济条件，出门参加正式场合的衣物都十分考究。有身份的人，经常从头到脚一身都是名牌。哈萨克斯坦的公共场合如会场、餐馆、办公室等一律禁止吸烟，如果要吸烟，就要到户外。

第四节　教育

教育是民族文化发展的一项指标。教育事业的兴衰会受到各种因素特别是政治、经济因素的影响，同时教育也会对上述因素起一定的作用。

一、教育发展简况

哈萨克斯坦是一个重视教育的国家。从19世纪中叶开始，在哈萨克斯坦北方的一些城市就有了教授世俗文化的俄文学校。这些学校一般为俄语和哈语并用的双语学校，能够受到教育的只有少数富家子弟。据1897年人口普查资料，当时在哈萨克斯坦居住的9—49岁居民中识字者仅占8.1%。

十月革命前，哈萨克斯坦境内没有一所高等院校。为培养师资和国民经济各部门的急需人才，1928年创建哈萨克斯坦国立师范大学。当时，该校仅有三个院系：师范、农学和医学。后来，它逐渐发展，增设了其他院系、夜校部、预科部、函授部、进修学院和研究生院等，拥有教师近千人、学生1.2万人，并接收外国留学生。随着国民经济的顺利发展，哈萨克斯坦加快了干部培养体系的形成。因师资力量亟待增强，1932年又成立了乌拉尔师范学院和塞米巴拉金斯克地质勘探学院（后称阿拉木图矿山冶金学院，现为哈萨克斯坦工业大学）。第二次世界大战之前，哈萨克斯坦已经有19所高等学校和120所中等专业学校。至20世纪30年代末，哈萨克斯坦已初步形成了从学龄前教育到高等教育的较为完整的教育体系。卫国战争以后，哈萨克斯坦在进行国民经济建设的同时，十分重视发展边疆民族地区的教育事业，把教育作为提高本国经济文化发展水平的关键和民族振兴的要素，采取各种措施，大力兴办和普及教育，提高民族素质，培养各类人才，推动科技进步，促进经济和社会的发展。而随着社会的变革，时代的变迁，到20世纪80年代初期，哈萨克斯坦高等教育有了长足的发展。当时，哈萨克斯坦全国有416所职业技术学校，设有385个专业，在校学生达23万人；有中等专业学校231所，在校学生超过26万人（1990年中等专业学校为247所，在校学生为24.8万人）。总体上看，二战后的40多年中，哈萨克斯坦高等学校和中等专业学校数量和在校人数成倍增长。战前东哈萨克斯坦州、阿克莫拉州、阿特劳州没有一所高等学校，到20世纪90年代各个州中心和一些大城市都有了高等学校和中等专业学校。

苏联时期，各类学校皆由国家创办和管理，学生享受免费教育。苏联全国统一的管理模式，使哈萨克斯坦教育缺乏共和国自己的特点。哈萨克斯坦独立后，在进行政治体制和经济体制改革的同时，教育界，包括教育体制和教育政策，也发生了较大变化。

通过法律法规发展和管理教育，即"发展教育、立法先行"是苏联发展国民教育几十年来形成的一个显著特点。哈国独立后也继承了这一传统，将教育发展的各项政策作为国家政策体系中一个重要领域专门部署。哈萨克斯坦的教育政策在保持苏联时期积累的优良教育经验的基础上，不断发展新的教育模式，并为新模式的顺利进行制定了一系列法律法规。具体表现为：

（1）从国家层面确定哈萨克语为国语。1993年通过的哈萨克斯坦共和国第一部《宪法》规定"哈萨克语是哈萨克斯坦共和国的国语，俄语是族际交流语言"。在1995年通过的哈萨克斯坦共和国第二部《宪法》中对国语的态度有所更新。在该法第30条规定中提出哈萨克语为国语外，还规定在国家组织和地方自治机构中，俄语和哈萨克语一样，平等地正式使用。同时增加了"国家要努力为学习和发展哈萨克斯坦人民的各种语言创造条件"的内容。1996年11月16日哈萨克斯坦还发布了《哈萨克斯坦共和国语言政策构想》，要求国家优先发展国语，国家对国语和其他语言的政策要有区别。该构想要求在一切正式场合都要使用国语，并要求国家以行政手段推广哈萨克语。1998年8月14日政府发布的《关于在国家机构中扩大使用国语范围的决定》则是贯彻语言政策构想的具体体现。在1999年通过的《教育法》中对学习哈萨克斯坦国语和其他语言给予极大关注，并规定所有学校不论是何种形式的所有制，都应该保证了解和发展作为国家语言的哈萨克语，同时也允许使用其他语言教学的学校存在。

（2）保证公民接受免费教育规定。1995年通过的哈萨克斯坦共和国《宪法》第30条规定：国家保证公民在公立学校免费接受中等教育，中等教育为义务教育；哈萨克斯坦公民有权通过竞争在公立高等学校接受免费高等教育；在私立学校中接受收费教育的条件和办法由法律规定；国家规定教育通用标准，所有教育机构的教育活动都应遵循该标准。1999年通过的哈萨克斯坦新《教育法》第8条规定：国家保障每一个哈萨克斯坦公民免费接受学前、基础、初等和普通中等教育，并在竞争的基础上，以国家定向培养的方式接受免费的职业技术教育、中等后教育、高等教育和大学后教育。教育的免费性通过国家教育机构的预算经费、有偿教育服务所获得的收入和其他资金来源实现。允许多种形式办学和不同所有制教育机构并存独立后的哈萨克斯坦教育制度发生了重大变化。1993年哈萨克斯坦政府通过法律准许私人办学，于是出现了公立学校和非公立学校并存，免费义务教育与有偿教育并存的局面。但是私立教育机构必须得到许可才能获得进行教育活动的权利，对私立学校工作的评定须通过鉴定实施。

（3）提高教育质量，确保国民接受教育的机会和权利。1997年《哈萨克斯坦 2030 发展战略》依法通过。该战略指出"健康、教育和公民福利"是人类发展最重要的组成部分。实现这一任务，需要不断增加居民接受教育的机会，让每个人都获得不同层次和阶段的教育。此外，新《教育法》指出，国家教育体制的新模式要求教育机构提供高质量的教育，培养高技能的专家、学者和富有独立思考能力和更高水平的公民。

（4）国家确保教育发展的优先性、世俗性和教育的人文发展性。2007年7月10日，新版《教育法》被哈萨克斯坦议会全票通过。该教育法规定的国家有关教育的基本原则是：哈萨克斯坦共和国所有公民有权接受高质量教育；国家确保教育发展的优先性、世俗性和教育的人文和发展性质；保证各级教育过程的连续性、继承性和教育管理的民主性以及教育活动的透明性；对人的权利和自由的尊重；激励个性教育和天才培养；保持教育机构所有制形式和教学培养方式的多样性等。

通过以上不断提高国民教育质量等措施，哈萨克斯坦在教育领域取得了可喜的成绩。2007年哈萨克斯坦在人类发展指数排名中名列第七十三位，在独联体国家中仅次于俄罗斯与白俄罗斯；同年，全球竞争力指数位居第六十一位，居民的文明程度在177个国家当中名列第十四位；2008年的教育发展指数在亚洲国家中名列第一；2009年哈全民教育发展指数在129个国家中排名第一。如今的哈萨克斯坦已步入教育领域高发展潜力国家的行列。

二、教育体系及其特征

根据 2007 年的新《教育法》第三章第12条规定，哈萨克斯坦教育体系包括学前教育、初等教育、基础中等教育、中等教育（普通中等教育，职业技术教育）、中等后教育、高等教育、大学后教育等阶段。

学前教育是中等教育的准备阶段。按照法律规定，哈萨克斯坦1—5岁的儿童可以在家里或学前教育教育机构（幼儿园、托儿所）接受学前准备教育。公立教育机构的学前教育是免费的。

普通中等教育是教育体系中最重要的教育过程。它按照中等普通教育的国家标准实施教学。根据新《教育法》第31条，中等教育包括三个阶段：初等教育（一至四年级），基础中等教育（五至九年级），高级中等教育（十至十一/十二年级）。2007 年通过的新《教育法》规定，哈萨克斯坦将从 2008 年开始实行十二年制学校教育。实行十二年制教育后，哈萨克斯坦将主要精力投入到普通教育学校高年级的专业学习上。专业式教学是普通中等教育的完成阶段。在这一阶段高年级学生根据自己的需求和打算，选择教育内容，允许有意识的选择职业。专业学习按照自然数学、人文社会和技术等方向进行。

　　哈萨克斯坦的中等教育基本上完全由国家资助。公立的中等教育学校占总数的 98.5%。初等和基础阶段的学校，在中等教育学校总数中的比例比较低，高级阶段的学校占多数。职业技术教育一般在职业学校和职业实科中学进行。哈萨克斯坦的职业技术学校中公立学校占多数，私立学校的比例比较小。计划内培养的职业技术教育干部的学习费用按照各地区的实际需求，由国家和地方预算支付。

　　中等后职业教育（中等职业教育）按照人文学科专业，培养服务和管理行业的初级专家。持有中等教育文凭（普通中等或职业技术教育文凭）的哈萨克斯坦公民可在此接受教育。学习期限为：持有普通中等教育文凭者不低于 2 年；持有职业技术教育文凭者不低于 1 年。中等后职业教育一般在中等院校实施。哈萨克斯坦中等后职业教育有较大的发展潜力。近年来，哈萨克斯坦的私立中等职业学校比例在大幅度增加，占总数的 55%。此外还有一个普遍现象就是公立中等职业学校的自费生人数高于私立学校人数。

　　哈萨克斯坦的高等教育主要培养具备较高知识技能的专家并授予学士学位，学习期限不能低于 4 年。哈萨克斯坦公民在完成普通中等、职业技术或中等后职业教育教学大纲课程后，均可在竞争的基础上获得免费的高等教育。哈萨克斯坦独立后，高等教育出现了较好的发展趋势，高等教育机构在不断增加，高校数量和人数也在增加。1993 年哈萨克斯坦政府通过法律准许私人办学。该政策一出台，私立大学开始发展，并逐步成为高等教育的一支生力军。它们在办学力量上虽不及国立大学基础雄厚，但数量已远远超过前者。在招生规模上，私立高校也在不断扩大，学生人数逐年递增，直逼国立高校。哈萨克斯坦私立大学以本国和外国大学分校的形式得以迅速增长。哈萨克斯坦承袭了苏联高等教育体制，学制是大学本科五年，硕士研究生三年，博士生五年或更长时间。这种学制的优点是学生在校学习时间长，基础打得扎实，但这种学制与西方国家现行高等教育学制不一致，得不到国际承认，不能与国际接轨。为了提高国家高等教育的竞争力，获得国际承认，哈萨克斯坦政府决定进行高等教育学制改革，采用欧盟正在实行的博洛尼亚体制。采取此决定之后，哈萨克斯坦高校制订了从现行教学计划类型和等级转到博洛尼亚体制采用的三级计划：学士学位、硕士学位和博士学位，学制分别是四年、二年和四至五年。这是哈萨克斯坦高等教育迈向国际化的重要一步。

大学后教育作为高等教育的延续阶段，教育的主要目的是培养科学及科学师范干部。硕士生有两种培养方式：按照学术师范方向培养，学期不低于2年；按照专业方向培养，学期不低于1年。通过国家最终鉴定并完成硕士学位论文答辩者，获得硕士学位。博士生培养持有硕士学位的哲学博士和其他专业博士，学期不能低于3年。

最近几年，哈萨克斯坦开设了不少专业学校，这类学校从入学直到毕业，共11年。该国还开办继续教育学院，为在职人员提高或更新技能服务。为培养国内急需或高技术人才，国家设有公派出国留学基金，每年向国外派遣一定数量留学生。

哈萨克斯坦知名的高等学校有：纳扎尔巴耶夫大学、欧亚大学、哈萨克斯坦大学、阿拜国家师范大学、哈萨克斯坦国家技术大学、哈萨克斯坦国家医科大学、哈萨克斯坦国家农业大学、卡拉干达大学等。

❖ 三、教育领域的国际合作

高等教育具有文化功能，同时也是文化传承与创造的重要机构。世界和平及发展的前提与基础是不同国家、不同种族、不同文化间的相互尊重和相互理解，教育正是建立这种尊重和理解的途径与桥梁。哈萨克斯坦也希望通过高等教育的国际化加深与其他国家的文化交流。随着全球化的发展，既弘扬哈萨克斯坦文化，也吸纳各国的文化精髓。这已成为哈萨克斯坦高等教育国际化的重要动力之一。

为实现高等教育的国际化，哈萨克斯坦从20世纪90年代起便制定了一系列的教育改革政策及相关法案。1997年，哈萨克斯坦颁布了《哈萨克斯坦2030发展战略》长期发展战略，把教育作为一个重要的优先发展方向，制定了一系列的国家教育改革项目。同时，哈萨克斯坦高等教育按照博洛尼亚体制的标准实施了高等教育的改革。进入21世纪，哈萨克斯坦先后发布了《2003—2015年哈萨克斯坦工业创新发展战略》《2005—2010年哈萨克斯坦国家教育发展规划》等一系列文件，强调人力资源是开启国家发展成功的钥匙，强调要确保国家人力资源更有效地发展。在高等教育领域，哈萨克斯坦政府积极推动参与博洛尼亚进程，力促哈国高等教育与欧洲教育空间的一体化。2006年，哈萨克斯坦明确提出进行高等教育领域改革，为加入博洛尼亚进程做前期准备，以保障哈萨克斯坦的高等教育在国际市场上具有竞争力。为推行哈萨克斯坦高等教育一体化，顺应博洛尼亚进程，在教育立法领域，2007年哈萨克斯坦颁布了《2007年教育法》，首次提出将新型高等教育学校作为国家研究型大学。2010年3月，哈萨克斯坦正式加入博洛尼亚进程，成为中亚地区首个加入该进程的国家。2011年，哈萨克斯坦政府将这一年定为"国家教育年"，积极推动教育改革，同时颁布了《2011—2020年国家教育发展纲要》。针对高等教育的国际化，《2011—2020年国家教育发展纲要》明确提出：要根据博洛尼亚进程的必要参数和推荐参数对哈萨克斯坦高等教育的内容和结构进行改革，以确保哈国高等教育和欧洲教育空间的一体化。为了实现学生的国际流动，哈萨克斯坦还规定大学生在国外学习的时间不得少于1学期。

2013年7月4日，哈萨克斯坦修订了《哈萨克斯坦教育法》。修订后的《哈萨克斯坦教育法》第十章第65条第2款规定：教育机构根据自身的特点有权与国外的教育、科技、文化机构及国际组织和基金会建立直接联系，可共同签订双方和多方合作协议，参加国际项目交换大学生、研究生、博士生、教育和科学工作者，加入教育领域的国际非政府组织和联合会。同时，第4条规定：在哈萨克斯坦建立的国际和外国教学机构或者其分校需在国际合同的基础上遵守哈萨克斯坦共和国政府的有关决议。可见，哈萨克斯坦对高等教育国际化改革的开放立场和实际行动。2012年12月14日，总统国情咨文《哈萨克斯坦2050发展战略》再次提出职业教育和高等教育要面向当前和未来的需求，高校要建立和发展应用科学和其他科研机构。

目前，中国和哈萨克斯坦建立了战略伙伴关系。为推动中哈两国的教育交流与合作，中哈两国在教育和科技领域签署了一系列合作协议。2003年6月3日，中华人民共和国教育部与哈萨克斯坦科教部签署了一项协议，明确中国为哈萨克斯坦每年提供20名互换奖学金名额。此后，名额不断调高。2006年6月15日，上合组织成员国之间签订了《上海合作组织成员国政府间教育合作协定》，明确教育合作的主体内容。同年12月20日中哈两国政府签署了学位和学历互认协议。2009年中哈两国签署了《2009—2012年中哈教育合作协议》。2010年4月26日，中哈两国与其他合作成员国共同签订了关于成立上海合作组织大学的合作备忘录，共同创立了上海合作组织大学，确定了5个优先合作专业。2011年，中哈在一份联合公报中共同强调加强在上海合作组织框架内的教育交流与合作。2011年6月15日，哈萨克斯坦科教部与中国国家石油天然气公司签署了教育领域的合作协议。

为密切中国与哈萨克斯坦人文交流合作，增进中国与哈萨克斯坦大学间的了解，2018年的"中国-东盟教育交流周"首次将哈萨克斯坦列为特邀伙伴国，并举办首届"中国-哈萨克斯坦大学校长合作对话"。哈萨克斯坦10余所知名学校及机构和中国30余所高校及机构的近100位嘉宾共同探讨"一带一路"背景下中哈高等教育合作的机遇与未来发展，探索中哈两国间学生流动机制与方式。之后，首次加入"中国-东盟教育交流周"的哈萨克斯坦的9所大学成功与贵州大学、江苏大学、南京师范大学、南昌大学等10所院校签订了24份合作意向性协议。根据协议，双方将在学术研究活动、交换学术资料和学术出版物、师生及学校管理人员交流等方面进行合作。

目前，哈萨克斯坦有4所孔子学院：分别是Л. Н·古米列夫欧亚民族大学孔子学院，这是哈萨克斯坦第一所孔子学院，2006年12月正式揭牌，由西安外国语大学和欧亚大学合作创办；哈萨克阿里-法拉比民族大学孔子学院（与兰州大学合办）；卡拉干达国立技术大学孔子学院（与石河子大学合办）；阿克托别国立师范学院孔子学院（与新疆财经大学合办），是哈萨克斯坦规模最大的孔子学院。此外，新疆农业大学、新疆师范大学、新疆伊犁师范学院在哈萨克斯坦的努尔苏丹市和阿拉木图市还开办了3个汉语中心。除汉语教学外，中哈两国还依托孔子学院这一平台，积极开展了一系列跨文化交流活动，如举办中国新疆文化节、新疆教育展、汉语图书展。每逢中国传统节日，还开展各种联谊活动，积极促进了哈国青年学生对中国文化的了解。

第五节　科学技术

　　沙俄时期，哈萨克斯坦只有几座气象站、农业试验站和一个地理学会。真正意义上的科学事业是在苏联时期形成的。20世纪30年代哈萨克斯坦建立起一批科研机构。1926年建立了肥料与农业土壤研究所，1932年苏联科学院成立了哈萨克斯坦研究基地。1934年秋成立了隶属于哈萨克自治共和国中央执委会的科学委员会，负责科学研究工作。同年，中央执委会通过了建立地区档案馆的决定，还在阿拉木图建立了哈萨克农耕研究所。1935年建立了畜牧研究所、兽医研究所、农业经济研究所和一系列农业试验站。1936年决定建立中央档案管理局。1938年，哈萨克研究基地改为苏联科学院哈萨克分院。1940年建立了苏联农业科学院哈萨克分院。在社会科学方面，1934年建立了马列主义研究所和哈萨克民族文化研究所。马列主义研究所后来改为苏共中央马列主义研究院哈萨克分院和哈共中央党史研究所。哈萨克民族文化研究所并入苏联科学院哈萨克斯坦研究基地，下设历史、哈萨克语言、文学和民俗研究室，它们成为后来哈萨克斯坦国家科学院相关研究所的前身。1946年7月1日以哈萨克分院为基础组建了哈萨克科学院（独立后更名为哈萨克斯坦国家科学院）。至20世纪50年代末，哈萨克科学院已经有19个研究所、2个博物馆、3个植物园、8个科研基地。在哈萨克斯坦工作的科学家取得了很多高水平的科研成果。50年代以后，一些部级单位和主管部门以及高等学校也纷纷建立研究机构。到60年代末，哈萨克斯坦已经拥有200多个科研机构，2.7万名工作人员，其中有420名博士和6 000多名副博士。仅科学院就有25个研究所、2个研究室，约3 000名研究人员，其中哈萨克人占三分之一。哈萨克斯坦逐渐形成门类齐全且又具有本国特色的科研机构网。1988年，该国共有科研机构233个。哈萨克科学院拥有5个学部：物理数学学部、地学部、化学工艺学部、生物学部和社会科学学部；共有35个研究所，研究人员4 465人。研究学科有：核物理、激光、固体物理、半导体物理、航天、仪器制造、高能物理、应用数学、矿业、地理、地质、水利、冶金、选矿、化学、生物和社会科学的基础研究和应用研究。苏联时期，哈萨克斯坦科学工作属于全苏的一部分，主要承担上级下达的任务。而苏联的科学技术优势在于从事宇宙研究、发射卫星、研制式科研的重点并不是为人民群众日常生活服务的，这就导致苏联的科学研究脱离与人民生活息息相关的实际。企业也对运用科技成果改进生产不感兴趣。导致的结果就是，研究所建立不少，科研队伍逐渐扩大，高级科研人员越来越多，但许多与人民日常生活有关的领域却十分落后，很少有人关心。

哈萨克斯坦独立后，国内经济出现危机，国家财政非常困难。长期形成的科研与生产脱节的情况短时间无法改变，国家投入减少使科研工作难以正常运转，科研人员收入减少、生活质量恶化，不少优秀科研人员脱离科研岗位，另谋出路或者到国外谋生。科学技术发展受到很大影响。国际学术交流也因为资金紧张而受到限制，这进一步使科研工作与世界先进水平脱节。为了改变这种状况和加强对科学事业的管理，1996年哈萨克斯坦将科学与新技术部、国家科学院和农业科学院合并成一个部，统一领导全国的科学事业。1999年2月，该部改名为科学与教育部。自然科学研究所和技术科学研究所仍归国家科学院领导，社会科学和人文科学研究所由教育与科学部直接领导。哈萨克斯坦国家科学院仍然是该国最大的科研机构。此外，该国还有工程院、医学科学院等科研机构，高等学校也拥有一支训练有素的科研力量。

进入21世纪，随着国家经济形势的好转，特别是工业创新计划的提出，国家对科研的投入大幅度增加，科技事业重新焕发生机，科研机构和科研人员数量都有所增加。最近几年，哈萨克斯坦每年一度的总统国情咨文都将发展科技事业置于非常重要的地位。认为，人类正在迈向第三次工业革命，技术发明彻底改变了世界市场的结构和需求。人类已经生活在一个与从前完全不同的技术现实里。高科技不仅改变周边环境，也将改变人。哈萨克斯坦应该积极参与科技革命进程，这就对科技发展提出更高的要求。为此哈萨克斯坦制定了新的创新型研究政策。

哈萨克斯坦认为，世界各国国情不同，并非所有国家都能够站在科技创新最前沿，科研和创新工作需要从本国国情出发，必须制定切实可行和务实的战略。哈萨克斯坦的科学和技术创新不可能在耗资巨大的科研项目上下功夫，应该将精力用在对国家有用的科学技术上，注意培训专门人才并利用好这些人才。同时，哈萨克斯坦要求科学家积极参与大型国际科研项目，借此丰富和提高自己，以便更好地为本国服务。目前哈萨克斯坦科技工作的重点包括：促进科研与经济的全面结合，为大型采矿企业和国家公司服务；建立有前景的国家级专业团队，重点扶持纳扎尔巴耶夫大学的科研团队和国家科技园；利用私企和民间力量发展科技事业；强化知识产权的法律保护等。

第六节　　体育

一、体育发展现状

　　哈萨克斯坦是中亚体育强国、亚洲体育大国，在世界体育界也享有一定的地位。在1996年亚特兰大奥运会上，哈萨克斯坦共获奖牌11块，包括3块金牌、4块银牌、4块铜牌，奖牌总数列参赛国第二十四位。在2000年悉尼奥运会上，该国共获得7块奖牌，包括3块金牌、4块银牌，奖牌总数列参赛国第二十二位。从参赛的亚洲国家来看，该国列第四位，位列中国、韩国、日本之后。在2008年的北京奥运会上，哈萨克斯坦共获得2块金牌、4块银牌、7块铜牌；在2012年伦敦奥运会上，哈萨克斯坦共获得7块金牌、1块银牌、5块铜牌；在2016年里约热内卢奥运会上，哈萨克斯坦共获得3块金牌、5块银牌、9块铜牌。在2014年亚运会上共获得金牌28块、银牌23块，铜牌33块，总奖牌数列参赛国第四位。

　　哈萨克斯坦运动员在冬季奥运会上也有不俗的表现。最突出的运动员是弗拉吉米尔·斯米尔诺夫，他在几届冬季奥运会上共获得1块金牌、4块银牌、2块铜牌，金牌是1994年在挪威冬季奥运会上50千米滑雪项目上获得的。这是哈萨克斯坦独立后获得的第一块奥林匹克金牌。在2014年索契冬奥会上，哈萨克斯坦获得1块铜牌。

　　哈萨克斯坦拥有较完整的体育设施。全国共有体育场馆23 490处，包括253个运动场、14 034个体操馆、1 217个射箭场、135个高山滑雪场、140个标准游泳池。哈萨克斯坦的优势体育项目有拳击、摔跤、田径、自行车、射箭、举重、柔道和冰雪运动等。摔跤、射箭具有悠久的民族和历史传统。拳击是多年来在国际大赛中获奖牌最多的项目之一。冰雪运动和足球是青少年最喜欢的运动项目，在球类项目中，足球水平居世界中游。该国足球也举行职业联赛，其国家足球队参加欧洲足球比赛，不参加亚洲足球比赛。个别体操运动员有冲击亚洲甚至世界大赛奖牌的实力。冰雪运动在亚洲居前列，在世界上属于中上水平。

哈萨克斯坦民众积极参加体育活动，体育运动在该国有广泛的群众基础。著名的"麦迪奥"冰雪综合运动中心以其完备的训练设施受到运动员的青睐，麦迪奥风景区坐落于哈萨克斯坦阿拉木图市东南部郊区的山谷。1972年，山上建成了当时世界上最大的高山冬季运动综合体育中心；1975年，这里荣获苏联国家奖金，曾是苏联国家冰雪运动队的重要训练基地。麦迪奥的滑冰场面积达10 500平方米，冰厚达2.3米，几乎可以全年使用。因其条件优越，被人们誉为"世界上最出色的滑冰场""创造纪录的摇篮"。这里不仅是许多冰上体育赛事的举办场地，而且是哈萨克斯坦人民冬季健身的好去处。距离麦迪奥约5千米处的琴木布拉克雪山海拔2 230米，琴木布拉克滑雪场是哈萨克斯坦规模最大、设备最先进、自然资源最好的滑雪场之一，是哈萨克斯坦重要的冰雪运动训练基地和冰雪旅游中心。

哈萨克斯坦一直积极参加国际体育赛事。无论是奥运会、亚运会，还是中亚运动会，都可以看到哈萨克斯坦运动员的身影。阿拉木图市曾举办过第二届中亚运动会和世界大学生冬季运动会。哈萨克斯坦体育的主管部门是1990年成立的国家奥林匹克委员会和各单项协会。政府负责体育工作的是文化与体育部。一些项目也设有俱乐部。在哈萨克斯坦2030年发展目标中，号召国人参加体育锻炼，以增强体质。

二、民间体育

哈萨克人的民间体育丰富多彩。姑娘追、叼羊、赛马、摔跤等都是最常见和最热闹的民间体育项目，多在节日举行。参加者需要有娴熟的骑术、还要有较强的体力。对于久居城市的人来说，这些活动很难见到，同时也很刺激。姑娘追是一对对青年男女，骑马并辔，向前方二三百米处的指定地点缓缓行进。一路上，男方可以向女方任意调情嬉说，尽情表示自己的爱慕之情。姑娘即使羞红了脸、也要默默地倾听，不能有任何其他举动。当走到指定地点，就要返回时，男青年要首先机敏地调转马头，姑娘随之策马扬鞭，穷追不舍，一边用皮鞭抽打那顽皮的小伙子，而男青年则不得还手。于是，草原上展现出女追男跑的风趣场面。这种游戏也为青年男女提供了择偶的机会。

叼羊比赛是哈萨克民族为祈福而举行的一项对抗性很强的民间体育项目。地点不同，比赛的方式也不同。一般都场面巨大。比赛在观众欢呼声中进行和结束。与叼羊比赛类似的马上游戏还有马上角力、飞马捡元宝、骑射元宝、走马、赛马等。这些活动对骑手的骑术要求比较高。摔跤也是哈萨克民族喜爱的体育运动。

第七节　　大众传媒

苏联解体前夕，哈萨克斯坦的新闻管制已经放松，大众传媒开始出现自由化趋势，舆论开始多元化。独立后，哈萨克斯坦宪法明确规定，保障言论和创作自由，禁止进行书刊检查。同时又规定，禁止宣传或鼓动用暴力改变宪法制度、破坏共和国的完整、危害国家安全，禁止宣传或鼓动战争以及社会、种族、宗教、阶层、氏族优越感和崇尚残酷与暴力。该国要求新闻独立于政府，政府应该致力于消除新闻自由路上的障碍，使记者能自由获得信息。该国在推行私有化的同时，还倡导大众媒体私有化，包括报刊、出版机构和其他媒体形式。

独立初期，哈萨克斯坦政府设有报刊与信息部，主管新闻出版工作。1995年10月该部更名为报刊与信息署，同时又成立了隶属于总统的国家报刊与信息事务监察委员会，负责对新闻出版工作的监督。1997年3月精简政府机构，报刊与信息署更名为信息与社会协调部。1999年10月该部改称为文化、信息和社会协调部，2014年改为文化与体育部。

从哈萨克斯坦新闻出版制度上看，官方除了对于纸质媒体及电视媒体进行管控之外，对于互联网也进行管控。哈萨克斯坦国内的所有的互联网站必须在政府部门注册。

1. 通讯社

哈萨克斯坦独立后建立了国家通信社——哈萨克斯坦通信社，简称哈通社。哈通社是哈萨克斯坦唯一的国家通讯社，其前身系原塔斯社哈萨克分社，拥有80多年的历史，为该国最重要的新闻发布平台。它在国内有多处记者站，在北京、纽约、莫斯科、布鲁塞尔、塔什干、比什凯克等地也设有记者站。在中国用中文在网上发布消息。此外，还有"今日哈萨克斯坦通讯社"，该通讯社成立于2000年，系私营媒体。在哈萨克斯坦还有俄罗斯国际文传电讯社驻哈分社，即"国际文传电讯社-哈萨克斯坦通讯社"。

2. 广播与电视

哈萨克斯坦最早的无线电广播始于1923年。主要广播电台有：哈萨克斯坦广播电视公司（国家控股）下属的哈萨克电台、哈巴尔广播电视公司（国家控股）下属的巴尔热点调频电台、俄罗斯-亚洲电台（俄罗斯电台与哈合办）。上述主要广播电台，用俄语和哈萨克语等多种语言广播。电视事业始于1958年，这一年，阿拉木图电视台开播。1981年，哈萨克斯坦开始播出彩色电视节目。在1990年之前，哈萨克斯坦电视管理体制一直沿袭苏联模式，电视业采取国有的方式，1990年，哈萨克斯坦开播了第一家私营电视台。

在21世纪初，哈萨克斯坦全国有98个电视台，其中62%的电视台并不制作节目，只是转播其他台的节目。哈萨克斯坦政府对国家控股电视台和商业电视台实行"国家订单"制度。所谓"国家订单"就是政府以招标方式向国家控股和商业电视台订购公益性节目，如公共交通、卫生等，国家控股电视台和商业电视台中标后，政府下达预算，节目完成后，政府相关部门对节目进行验收，并全程在网上公布，做到透明和公开。一般来说，国家控股电视台获得80%的政府订单，商业电视台获得20%的订单。

哈萨克斯坦政府从2010年开始启动模拟转数字进程，2012年在五个主要城市开始播出数字地面电视信号。2016年，数字电视信号覆盖了1 150万人口，约相当于人口总数的72%。根据《信息化哈萨克斯坦——2020规划》，哈萨克斯坦数字地面电视信号的人口覆盖率到2020年要达到95%。

哈萨克斯坦对于境内外媒体的管理日趋严格。2015年，哈萨克斯坦政府新出台了多项针对外国电视频道的管理政策。规定外国资本在哈萨克斯坦电视媒体和机构中的持股比例不得超过20%。2016年1月，哈萨克斯坦修订了《哈萨克斯坦广电播出法》，法令中明确禁止所有的有线电视频道播出广告。

哈萨克斯坦境内注册的电视频道共有308个，其中国内频道91个，国外频道217个。境外频道主要是来自俄罗斯的俄语频道，以及来自英国、法国、美国、土耳其和乌克兰的电视频道。最初，哈萨克斯坦电视台主要是双语播出，俄语节目占60%，哈萨克语节目占40%。从20世纪90年代中期开始，电视播出语言更为丰富，包括维吾尔语、德语和朝鲜语等。目前，哈萨克斯坦有8个电视频道影响最大，其中国有电视台包括哈萨克斯坦电视台、哈巴尔电视台、爱阿纳电视台，私营电视台包括哈萨克商业电视台、欧亚第一频道台、31频道、7频道和卡斯帕电视网。

目前，哈萨克斯坦的主要电视播出渠道是卫星电视和开路电视，其中地面开路电视在电视家庭中所占份额为34%，卫星电视所占份额为28%，有线电视为20%，IPTV为18%。就付费电视业而言，哈萨克斯坦44%的电视家庭订阅了付费电视业务，2017年，哈萨克斯坦付费电视订户总数为280万，到2022年这一数字有望达到360万。哈萨克斯坦主要卫星电视运营机构是奥塔电视公司。哈萨克斯坦的主要IP-TV运营机构是艾迪电视公司，它隶属于哈萨克斯坦电信集团。截至2017年6月，艾迪电视公司的订户规模超过了100万。

3. 图书报刊出版与发行

哈萨克斯坦的出版机构主要集中在阿拉木图和努尔苏丹。两地出版机构共计287家，占全国总数的73.6%。其中前者为237家，占60.8%，后者为50家，占12.8%。出版种数排名前十的出版机构出版了约占总出版种数40%的图书。

哈萨克斯坦也有一些国家扶持的出版项目，如2014年哈萨克斯坦就在国家级纲要的资助下出版图书494种，占总出版种数近10%。其中，一是由文化与体育部资助的《具有重要社会意义的各类作品出版纲要》。2014年资助出版图书411种，其中超过七成为文学作品，此外还包括学术图书、大众政治图书、参考类图书、教材等。二是《2011—2020年各语言功能与发展国家纲要》。为宣传哈萨克斯坦国语和各民族语言，2014年资助出版图书73种，大部分为百科全书、百科辞典、术语参考书、教科书等，最值得一提的是完成了哈萨克语文学辞典的出版。三是《文化遗产纲要》。在此纲要框架下，2014年资助出版图书10种，主要为文学作品。

哈萨克斯坦图书发行渠道主要有三类：零售贸易、批发贸易和图书馆。俄罗斯出版物在发行渠道中占据绝对优势。据专家估算，在各类发行渠道中俄罗斯出版物所占比重在65%～90%之间，主要为文学作品。此外，需求最大的出版物是儿童图书和教材。在哈萨克斯坦，很多大学出版社自办发行，其主要产品为教科书、教学法类出版物、教育人员职业作品、研讨会文集等。

2016年哈萨克斯坦出版报纸1 149种，全年出版49 779期，年印数共计10亿1 544万份。48.1%的报纸以俄语出版，32.9%的报纸以哈萨克语出版。出版报纸最多的为阿拉木图市和阿拉木图州，共出版373种，全年出版12 186期；位居第二的是南哈萨克斯坦州，共出版146种，全年出版4 784期；排名第三的是努尔苏丹市和阿克莫林州，共出版95种，全年出版5 355期。

4. 图书馆

根据哈萨克斯坦国家图书馆统计，全国共有4 133家图书馆，馆藏图书6 407.4万册，注册用户439.1万人，其中34%为儿童，25.8%为21岁以下的青年人。哈萨克斯坦每年拨款70亿坚戈用于图书馆事业发展。2014年共有3.78亿坚戈用于补充馆藏，占总拨款金额的5.4%。大型图书馆在阅读推广方面做了大量工作，借鉴国外先进经验，召开研讨会和圆桌会议等，组织主题图书展、新书发布会、作者见面会等。

目前，哈萨克斯坦的电子图书馆主要涉及以下两类：一是依托传统图书馆和高校等学术机构建立的电子图书馆，二是政府有关部门资助的电子图书馆。此外，像哈萨克斯坦科学院图书馆、哈萨克斯坦国家图书馆、共和国科学技术图书馆、州立图书馆等22家大型图书馆都将馆藏出版物电子化供借阅者使用；高校间电子图书馆向广大用户提供学术类、教材类等电子资料。

5. 语言推广

为推广哈萨克语，提升哈萨克斯坦在互联网空间中的地位，"维基比利姆"基金推出了用哈萨克语内容作为维基百科的补充的计划。在哈萨克斯坦文化与信息部语言委员会的扶持下，"维基比利姆"基金又持续推进了"哈萨克斯坦开放图书馆"项目，大量图书、音频视频资料被上传至www.iKitap.kz。

　　2013年12月，哈萨克斯坦内容股份公司在总统中央通信局和文化与信息部支持下，以哈萨克语、俄语、土耳其语和英语四种语言，推出互联"网资料库文学门户"，旨在推广哈萨克斯坦文学，向国内外介绍本土作家。该门户设诗歌世界、内容简介、翻译、书信和插画5个特别栏目，还向儿童读者提供认知百科全书、童话以及其他文学作品。哈萨克斯坦内容股份公司与哈萨克斯坦书库签订协议，在网站上提供国外出版的哈萨克斯坦本土作家的图书信息。

第七章 外交

1991年年底，哈萨克斯坦独立。该国在积极推行政治经济改革、巩固国家独立的同时，也积极、主动和广泛地开展外交工作，在国际社会中寻找和确定自己的位置，树立独立主权国家形象，表示愿意在平等基础上同所有国家和地区发展友好合作关系，这一表态为其外交政策奠定了多元平衡发展的基调，独立后不久就与100多个国家建立了外交关系，并加入了多个国际和地区的合作组织。实践证明，多边平衡政策符合哈萨克斯坦的国家发展需求，在政治、经济、社会等多方面都取得了丰硕的成果。

第一节 对外政策

哈萨克斯坦的外交政策是在对国际、国内形势进行分析，综合考虑政治、经济、社会等多种因素基础上制定的。

首先是地缘政治因素。哈萨克斯坦本身的地缘战略位置非常重要，加上苏联解体之后暂时出现了"权力真空"的现象，所以这里成为多方力量争夺的焦点，无论是世界头号强国美国、传统强国俄罗斯，还是亚洲新兴国家以及其他国际力量，都希望能够加大在哈萨克斯坦的影响。正是在这种背景下，哈萨克斯坦制定了多元平衡的外交政策。

其次是经济因素。由于苏联时期经济结构规划的影响，哈萨克斯坦独立之后，其经济结构存在严重的问题。为促进经济发展，哈萨克斯坦推行了经济改革。但是，要想促进经济的进一步发展，发展对外经贸合作，吸引其他国家的投资也非常重要。基于这种考虑，哈萨克斯坦希望发展与多个国家和地区的关系。

最后是社会因素。哈萨克斯坦在发展中同样面临着一系列社会问题，如走私贩毒、环境污染、民族矛盾等。很多社会问题也是各国普遍存在的问题，单纯依靠一个或几个国家的力量很难解决，因此需要各国之间开展紧密合作。

❀ 一、外交基点、目标、原则与政策

哈萨克斯坦制定对外战略的基点是，一切从维护国家和民族的利益出发，通过运用灵活的对外政策来维护国家的独立、主权（包括经济主权）和领土完整，为本国经济的恢复和发展服务，为改革创造良好的外部环境，使哈萨克斯坦能以良好的形象在国际社会立足。

哈萨克斯坦外交的长远目标是：创造和保持能使改革顺利进行、使哈萨克斯坦作为主权国家得以形成和发展的良好外部环境。它的近期目标是：体面地进入国际社会，保障国家安全，引起国际社会关注，为地区和世界的和平与发展做出贡献。

为实现上述目标，哈萨克斯坦在制定对外政策时遵循以下原则：第一，外交工作要服从国家利益和民族利益的需要，要为实现对外战略的目标服务。第二，外交工作要与国力相匹配，即从哈萨克斯坦是"中等地区强国"这一基本点出发。第三，实行全方位外交，不要把自己仅仅看作亚洲国家，要同各大洲国家建立平等外交关系。第四，不是用军事手段，而是用政治手段来保障自身的安全，通过理智的和谨慎的外交来完成这一重任。第五，制定外交政策要考虑本国传统，借鉴世界经验，还要遵守国际法准则。

哈萨克斯坦在遵循上述原则和发展目标的基础上，制定了自己的外交政策。该国外交政策的基本内容是：在公正和友好的基础上，同一切国家发展最广泛的联系，不管其政治制度和经济制度以及意识形态和宗教信仰如何；在国家关系方面，遵守相互尊重主权和领土完整、互不侵犯、互不干涉内政、平等互利、和平共处的原则；外交工作要致力于维护世界的和平与稳定，主张不是通过军事而是采用政治手段，通过签订可保证安全与稳定的国际条约和协议，以及制定和运用有效的预防外交机制来实现；加强与国际组织的合作，主张改造而

不是取消联合国，使它能更加适应已经发生巨大变化的国际形势；奉行均衡外交政策，但不是等距离外交，在外交工作中有明确的优势方面。

自1991年哈萨克斯坦共和国成立以来，哈萨克斯坦一直奉行"平衡外交"，力主"安全稳定"为第一要义，这一点在二十多年的政治外交活动中体现得非常明显。关于稳定的直接表述，首任总统纳扎尔巴耶夫曾发表两次重要的国情咨文，分别是1997年的《哈萨克斯坦2030发展战略》和2012年的《哈萨克斯坦2050发展战略》。《哈萨克斯坦2030发展战略》和《哈萨克斯坦2050发展战略》两文全面阐述了纳扎尔巴耶夫时期对地区稳定的基本看法和认识。《哈萨克斯坦2050发展战略》公布于2012年哈萨克斯坦的"独立日"，全文回顾总结了《哈萨克斯坦2030发展战略》的实施情况，并对地区稳定问题进行了全面的展望。两部战略在基本思想的贯彻方面，有着承前启后、一以贯之的特点，反映了纳扎尔巴耶夫主政以来对地区稳定治理的基本思路。其核心思想主要表现在"国际区域安全"方面。在2012年的国情咨文中，开篇就将国家安全稳定问题作为上一阶段哈萨克斯坦主要成绩进行阐述，并提出了"一贯稳定可预测"的哈萨克斯坦国际治理综合评断。指出："二十年来，哈萨克斯坦一直在为巩固政权、国家安全、社会稳定努力，并已经取得了阶段性成果。"这一关于稳定与安全的表述与1997年《哈萨克斯坦2030发展战略》的副标题"关于哈萨克斯坦人的安全、繁荣与福利"表达了相同的战略观点，两次咨文都将稳定视为治理哈萨克斯坦的首要政治命题。

二、主要任务

1995年2月15日，哈萨克斯坦召开了全国外事工作会议，对独立后的外交工作进行了总结。这次会议确定了外交工作的重点要转向为本国经济开放和经济改革服务。1997年9月11日，哈萨克斯坦召开全国外事工作会议，要求把召开"亚洲相互协作与信任措施会议"和使哈萨克斯坦经济融入世界经济体系作为外交工作的重点。哈萨克斯坦外交工作的另一项任务是，通过外交努力构筑周边安全带。1996—1999年，哈萨克斯坦与中国、俄罗斯、吉尔吉斯斯坦、塔吉克斯坦四国在中国上海签署了《关于在边境地区加强军事领域信任的措施》，在莫斯科签署了《在边界地区裁军的协议》，在阿拉木图就加强彼此关系签署了《中哈吉俄塔五国声明》，在比什凯克签署了《中俄哈吉塔五国元首声明》。1997年1月，哈萨克斯坦与乌兹别克斯坦、吉尔吉斯斯坦三国签署了"永久友好条约"。1998年7月6日，哈俄两国签署了《哈俄永久友好和面向21世纪同盟条约》。1999年11月，中哈签署了《中华人民共和国和哈萨克斯坦共和国关于在21世纪继续加强全面合作的联合声明》。2001年6月，与中、俄、吉、塔、乌五国组建了上海合作组织，意在加强安全与经济合作。这些举措是为构筑周边安全带所做努力的一部分，对维护该国周边安全、确保国家稳定有重要作用。2015年，哈萨克斯坦与俄罗斯、白俄罗斯、吉尔吉斯斯坦和亚美尼亚共同成立欧亚经济联盟，以保障商品、服务、资本和劳动力在五国境内自由流通，并推行协调一致的经济政策。

哈萨克斯坦首任总统纳扎尔巴耶夫在《哈萨克斯坦2050发展战略》的第一部分"哈萨克斯坦共和国的全面发展——政体、经济、社会、稳定、地区领袖和国际影响力"第六点"国际影响力"部分阐述了哈萨克斯坦与上合组织在地区反恐、维护稳定方面的合作。并总结在过往二十年中，哈萨克斯坦在地区反恐、打击极端势力、联合处置跨国犯罪方面做出的贡献以及取得的国际影响力。同样，在1997年《哈萨克斯坦2030发展战略》的第一部分"哈萨克斯坦目前现状"中对哈国在解决地区不稳定因素、积极参与国际组织、提升国际影响力方面提出展望，希望哈萨克斯坦能联合其他国际组织化解地区稳定问题。从《哈萨克斯坦2030发展战略》的发布实施到《哈萨克斯坦2050发展战略》的规划总结来看，哈萨克斯坦成功贯彻了这一主张，于2001年成功加入上海合作组织并联合发表《关于打击三股势力维护地区稳定》的六国宣言，保持和维系了与中、美、俄三大国之间的平衡关系。

2018年上海合作组织青岛峰会举行之际，哈萨克斯坦首任总统纳扎尔巴耶夫表示，成立已有17年历史的上海合作组织，已经得到了国际社会的认可，成为一个具有影响力的覆盖多领域的成功平台。上合组织的协议和法律基础在不断完善，已经拥有稳固的制度框架。时至今日，上合组织已成为在安全、经济和人文交流领域的主动合作机制。在推进上合组织和欧亚经济联盟国家各项计划与中国的"一带一路"倡议相对接的前提下，哈萨克斯坦对区域经贸合作的前景充满期待。这一领域的紧密合作，将为未来的上合自贸区成为现实创造必要的条件。

❦ 三、独立以来的外交工作

哈萨克斯坦独立后的重要任务之一，是要取得国际社会的承认，与各国建立外交关系，为此，哈萨克斯坦政府在国内组建新的外交部，积极开展外交活动。历史证明，哈萨克斯坦独立以来的外交工作取得了很大的成功。该国独立后不久就得到了世界主要大国——美国、法国、英国、中国、俄罗斯，以及其他多个西方国家、新兴工业化国家和发展中国家的承认，并与它们建立了外交关系。1992年3月2日，哈萨克斯坦顺利加入联合国；同年5月22日，加入了联合国教科文组织。此外，它还参加了一系列联合国所属国际组织并积极参与活动。1992年1月，哈萨克斯坦作为苏联继承国之一加入欧安会，同年11月，正式加入中西亚经合组织。同时，哈萨克斯坦系北约"和平伙伴关系计划"成员国，以及不结盟国家组织观察员国。

与此同时，哈萨克斯坦还积极开展外交活动。独立后不久，首任总统纳扎尔巴耶夫就出访印度。此后，他几乎每年都要出访10来个国家。他多次访问俄罗斯、美国、中国，此外，他还访问了欧洲、亚洲其他一系列国家，其足迹遍布世界五大洲。哈萨克斯坦在国内还接待了来自许多国家的领导人和各界人士。这些互访和与有关国家和国际组织签署的一系列规范双边关系的文件，奠定了哈萨克斯坦与有关国家和组织发展双边关系的法律基础。

现总统托卡耶夫上任后，在接受《主权哈萨克斯坦报》和《哈萨克斯坦真理报》采访时表示，实行多边政策是哈萨克斯坦的长期战略方向，这是由哈萨克斯坦的地理位置和地缘经济因素决定的。"自独立以来，首任总统（纳扎尔巴耶夫）就选择了这一道路。这个战略让我们避免了国家间冲突和地区冲突，国际社会因此将哈萨克斯坦视为维护和平的国家。"托卡耶夫强调，多边政策未来也将成为哈萨克斯坦外交的主要方向，哈萨克斯坦要重点发展与俄罗斯、中国、欧洲国家、美国、中亚国家以及伊斯兰国家之间的合作关系。他本人在当选后也分别出访了俄罗斯、中国等国，并与美国、欧盟等国家和国际组织领导人在不同场合举行了会晤。

❁ 四、最新的外交构想和至2050年的外交方针

2012年12月，总统国情咨文《哈萨克斯坦2050发展战略》中对国家未来几十年的外交工作做出如下战略部署。

第一，平衡、多元、绝对务实主义为基本国策，与所有国家发展友好和可预测的关系，特别是那些在国际事务中发挥主导作用和有影响力的国家。据此，哈萨克斯坦外交的优先方向是发展与邻国——俄罗斯、中国、中亚国家以及美国、欧盟、其他亚洲国家的伙伴关系。

第二，将建立欧亚经济联盟作为外交的近期目标，但要保证政治主权不受损害。

第三，2050年前对外政策的重点包括：全面加强地区和国家安全；积极开展经济和贸易外交；加强文化、科学教育及其他跨领域国际合作；加大对境外哈萨克斯坦公民及其个人、家庭和商业利益的保护。

第四，积极参与国际事务，发出哈萨克斯坦的声音，联合各方努力建立公正安全的世界秩序。特别关注全球安全，为解决阿富汗问题和中东问题做出自己的贡献。

第五，哈萨克斯坦将继续巩固国防能力和军事理论学说，参加各类防御性机制。在加强同各国和各国际组织合作的同时，与集体安全条约组织紧密协作，促进提高集体力量的快速反应能力。

2014年1月21日，哈萨克斯坦发布了新版对外政策构想，即《2014—2020年对外政策构想》（简称《构想》），作为哈萨克斯坦最新对外政策纲领性文件，从中可以了解该国外交工作的走向。《构想》将多元、平衡、实用主义、互利和国家利益至上作为制定外交政策的基本原则。

《构想》规定哈萨克斯坦外交的总任务是：确保国家安全、国防能力、主权、领土完整；维护和平、地区和世界安全；维护和发展国家在国际社会中的地位；致力于建立公正、民主的国际秩序，维护联合国在维护世界秩序中的作用；促进地区和世界经济一体化；为落实2050年发展战略，使国家进入世界发达国家三十强服务；保护民族文化传统和特色，探索自己的发展道路；维护公民和法人权益，维护海外公民的个人、家庭和事业权益，保护海外侨胞和促进海外哈萨克语发展。哈萨克斯坦还将关注并维护中亚地区的政治稳定、经济发展和

地区安全，实现中亚一体化；推动欧亚经济联盟发展；合理解决里海地位和划界问题；积极参与国际机制建设，环保合作、人道主义救援等作为优先工作任务。

新版对外政策构想继承了哈萨克斯坦一贯坚持的外交方针，即大国平衡外交、实用主义和国家利益至上，服务于国家发展和在国际社会塑造良好国家形象。不过，新版对外政策构想也反映了哈萨克斯坦独立后随着国内形势的变化对外交工作提出更高的要求。

第二节　对外关系

哈萨克斯坦外交第一优先国是俄罗斯。哈萨克斯坦与俄罗斯的关系是战略关系。独联体其他国家也是哈萨克斯坦外交的重点，其中哈萨克斯坦与中亚国家的关系被认为是伙伴关系，白俄罗斯和亚美尼亚与哈萨克斯坦的关系是欧亚经济联盟的成员关系。第二优先国是中国（详见第九章）。第三优先国是西方国家，特别是美国以及欧盟国家中的德国、法国、英国等。第四优先国是土耳其等伊斯兰国家。这是由于哈萨克斯坦在语言、宗教等方面与土耳其相近，在文化方面与土耳其有认同感。在哈萨克斯坦外交实践中得到相当重视的国家还有：亚洲的日本、韩国、东盟某些国家、印度、巴基斯坦、波斯湾国家以及以色列；欧洲的意大利、奥地利、荷兰、某些中东欧国家；美洲的加拿大；非洲的埃及等。

1. 与俄罗斯的关系

在哈萨克斯坦的外交关系中，最优先的选择是与俄罗斯的关系。与俄罗斯巩固共同的经济、防御、人文信息空间是哈萨克斯坦对外关系发展的战略方向。哈萨克斯坦认为，与俄罗斯的关系是"最主要的"，是"战略性的"。这是由地缘、历史、经济、军事、民族等因素决定的。

独立后的20多年间，哈萨克斯坦对俄罗斯始终采取务实而又灵活的政策。在经济方面，推行与俄罗斯一体化的政策，例如与俄罗斯共同组建了欧亚经济共同体、关税同盟、统一经济空间，2014年5月签署了《欧亚经济联盟条约》，该条约已于2015年1月1日起生效。2019

年4月，哈萨克斯坦新总统上任伊始就出访俄罗斯，并且强调，哈俄两国合作关系将继续延续首任总统纳扎尔巴耶夫和普京奠定的发展道路，两国战略合作伙伴和联盟关系将达到新的水平。

2. 与中亚国家的关系

哈萨克斯坦与乌兹别克斯坦、吉尔吉斯斯坦、土库曼斯坦语言相近，同属讲突厥语民族，宗教信仰也相同，经济上也存在密切的往来。中亚国家在发展经济、维护地区安全、保护生态环境等方面，面临许多共同的问题。正因为如此，哈萨克斯坦强调发展与中亚国家关系的重要性。从该国外交方针来看，中亚国家始终被排在优先的地位。在政治上，哈萨克斯坦奉行与中亚国家睦邻友好的政策，通过与乌兹别克斯坦和吉尔吉斯斯坦分别签订的《哈乌友好合作互助条约》（1992年6月24日）、《哈吉友好互助合作条约》（1993年7月8日），与土库曼斯坦签订的《友好关系与合作条约》（1993年5月19日），与塔吉克斯坦签订的《哈塔关系基础条约》（1993年10月19日），以及1998年1月哈、乌、吉三国签署的《永久友好条约》和1998年10月哈乌签订的《永久友好条约》，为彼此关系奠定了法律基础。

哈萨克斯坦领导人与中亚各国领导人保持密切的接触，每年都要会面数次，有时是双边会见，有时是在中亚经济共同体（包括后来的中亚合作组织）、独联体、集体安全条约组织、上海五国机制（包括后来的上海合作组织）、亚信会议、突厥语国家元首会晤等会议上。他们就共同关心的双边和地区问题进行磋商和协调立场，解决国家间存在的矛盾和摩擦。

3. 与独联体其他国家的关系

哈萨克斯坦与包括乌克兰、白俄罗斯、摩尔多瓦、阿塞拜疆、格鲁吉亚（2009年正式退出独联体）、亚美尼亚等国在内的原苏联加盟共和国都建立了外交关系，并保持友好的关系。首任总统纳扎尔巴耶夫出访过上述国家，但更多是在国际会议上见面与会谈。在国内，首任总统纳扎尔巴耶夫也接待过来自上述国家的国家元首或政府首脑。哈萨克斯坦与白俄罗斯、亚美尼亚同属欧亚经济联盟成员，又同属集体安全条约组织成员，与阿塞拜疆同属突厥语国家元首会晤机制参加国。哈萨克斯坦与上述国家之间存在的问题不多，这就使哈萨克斯坦能够在上述国家发生冲突时，充当调停人的角色。例如，在阿塞拜疆与亚美尼亚围绕"纳卡问题"发生冲突时，哈萨克斯坦就曾出面调解，并取得一些效果。在俄罗斯与欧盟因"乌克兰事件"发生冲突时，哈萨克斯坦也出面调停。不过，哈萨克斯坦在与上述国家的交往中更关注经济方面的合作，乌克兰和白俄罗斯在哈萨克斯坦对外贸易中占一定地位。

第三节　哈萨克斯坦与国际组织的关系

哈萨克斯坦独立后积极参与国际和地区事务，先后参加了一系列国际组织并在其中发挥重要作用。在该国2050年前发展战略中，特别强调与其发展关系的国际组织依次是联合国、欧安组织、北约、集体安全条约组织、上海合作组织和亚信。

1. 与联合国的关系

1992年3月2日哈萨克斯坦加入联合国，成为世界大家庭中平等的一员，并积极参加联合国的活动。1992年10月在哈萨克斯坦首次参加的联合国第47届大会上，首任总统纳扎尔巴耶夫就本国对外政策发表了演讲、提出了建立"亚洲相互协作与信任措施会议"问题。哈萨克斯坦独立后还很快加入国际货币基金组织、世界银行、欧洲复兴开发银行、亚洲开发银行、伊斯兰开发银行等国际金融机构并与它们建立密切的关系。

2. 与欧盟关系

哈萨克斯坦重视发展与欧盟的关系，认为欧盟是"代表整个欧洲与其他地区国家对话"的组织。1995年1月，首任总统纳扎尔巴耶夫在布鲁塞尔签署了《哈萨克斯坦与欧盟伙伴关系与合作协议》。哈萨克斯坦认为，这是哈萨克斯坦向与欧洲经济一体化迈出的重要一步。1995年12月，哈萨克斯坦与欧盟又签署了《哈萨克斯坦与欧盟贸易与其他相关问题临时条约》，进一步巩固了与欧盟的经贸关系。哈萨克斯坦是北大西洋合作委员会和欧安组织的成员国。

3. 与北约和欧安组织的关系

1994年5月27日哈萨克斯坦签署了北约"和平伙伴关系计划"，但其不是北约成员。在哈萨克斯坦与欧洲国际组织的关系中必须提到与欧安组织的关系。哈萨克斯坦虽然是亚洲国家，但作为苏联的继承国之一，1992年1月直接被接纳参加欧安会（后改为欧安组织）的活动。成为欧安组织的成员，并积极参加欧安组织的活动。2008年哈萨克斯坦主办了欧安组织议会大会第十七届年会。2010年12月主办了欧安组织成员国首脑会议并担任轮值主席国，成为原苏联加盟共和国中第一个主办欧安组织成员国峰会的国家。

4. 与独联体的关系

独联体是独立国家联合体的简称。最初于1991年12月8日由俄罗斯、乌克兰、白俄罗斯三国在白俄罗斯首都明斯克宣布成立，同年12月21日，哈萨克斯坦和苏联其他10个加盟共和国作为创始国，格鲁吉亚作为观察员共同在哈萨克斯坦原首都阿拉木图签署了《阿拉木图宣言》，宣布成立独立国家联合体。此后成员国数量多变，目前的成员国包括阿塞拜疆、亚美尼亚、白俄罗斯、哈萨克斯坦、吉尔吉斯斯坦、俄罗斯、摩尔多瓦、塔吉克斯坦、乌兹别克斯坦，独联体总部设在白俄罗斯首都明斯克。

哈萨克斯坦于1991年12月21日在阿拉木图以创始国的身份加入独联体，1992年5月15日签署独联体《集体安全条约》，1993年1月22日签署《独联体章程》，1994年10月21日签署《建立独联体跨国经济委员会和支付联盟协议》和《关税同盟协定》，1995年5月26日签署《保卫独联体外部边界条约》，1999年2月续签独联体《集体安全条约》。哈萨克斯坦积极参加独联体活动，参加了独联体历次会议，签署了独联体大多数协议。哈萨克斯坦主张加强独联体经济一体化，鉴于独联体经济一体化比较困难，哈萨克斯坦与俄罗斯、白俄罗斯、亚美尼亚等国组建了欧亚经济联盟。

5. 与欧亚经济联盟的关系

2014年5月29日，俄罗斯、白俄罗斯和哈萨克斯坦三国签署了《欧亚经济联盟条约》，条约于2015年1月1日起正式生效。亚美尼亚于2015年2月加入欧亚经济联盟，吉尔吉斯斯坦于2015年5月加入，塔吉克斯坦亦多次表示愿意加入。欧亚经济联盟是在2010年1月1日正式成立的由俄罗斯、白俄罗斯和哈萨克斯坦三国组建的关税同盟的基础上建立的。成员国除统一实行关税外，还规定在商品、技术、资本和人员方面实行自由流动。

2016 年，哈萨克斯坦是欧亚经济最高委员会、欧亚政府间委员会和欧亚经济委员会轮值主席国。哈萨克斯坦时任总统、欧亚经济最高委员会主席纳扎尔巴耶夫向欧亚经济联盟成员国首脑倡议与第三国开展经济合作，并建议确定 2016 年为"联盟与第三国和主要一体化组织经济关系深化年"。他表示，欧亚经济联盟与丝绸之路经济带建设的相结合，以及加强与上合组织和欧盟的合作至关重要，因此，2016 年应当成为联盟成员国和上合组织自贸区建立长期合作实践工作的开端。

2017 年，哈萨克斯坦同欧亚经济联盟成员国间贸易总额为 1 911.44 亿美元，同比增长 7.5%。其中，出口贸易额为 589.19 亿美元（增长 12%），进口贸易额为 1 322.25 亿美元（增长 5.6%）。哈萨克斯坦同欧亚经济联盟各国的贸易比重分别为：俄罗斯 91.8%，吉尔吉斯斯坦 4.5%，白俄罗斯 3.6%，亚美尼亚 0.1%。

6. 与集安组织的关系

集安组织的全称是集体安全条约组织，成立于 2002 年 10 月 7 日，其前身为 1992 年 5 月 15 日签署的独联体《集体安全条约》，现由俄罗斯、白俄罗斯、哈萨克斯坦、吉尔吉斯斯坦、塔吉克斯坦、亚美尼亚六国组成，集安组织秘书处设在莫斯科。

集安组织的宗旨是建立集体防御空间，提高联合作战能力，防止成员国内部及相关地区内武装冲突，防止和协调打击国际恐怖主义和跨国有组织犯罪活动，组建联合部队和联合司令部，举行联合军演，开展军事技术合作，培养军事人才，维持和平与边境安全等。《集体安全条约》第 4 条规定：如成员国遭受侵略，则视为对该组织所有成员国的侵略。其他成员国应立即向被侵略的成员国提供一切必要的援助，包括军事援助、资金援助和其他物资援助。当成员国的安全、领土完整和主权面临威胁时，该组织应立即启动共同磋商机制，协调各成员国立场，并采取措施消除此威胁。1995 年通过的《集体安全构想》规定，签约国的军事基地设施可以部署在其他签约国境内，俄罗斯负有保卫其他签约国安全的特殊责任。集安组织不针对第三国，加入集安组织不影响各成员国履行参加的其他国际条约所规定的权利和义务，但成员国不得签署与集安条约相抵触的国际协议。集安组织有完整的军事组织机构，并拥有快速反应部队。集安组织多次举行军演，主要是针对反恐、维护边界安全和联合防空等。

7. 与上海合作组织的关系

哈萨克斯坦是"上海五国"会晤机制的成员之一，这个机制是上海合作组织的前身，其成立的重要基点就在于对中亚整个地区安全的维护。上海合作组织的重要多边条约《上海公约》（以下简称《公约》）就是该组织的基础法律文件之一。哈萨克斯坦于2001年与中国共同签署《上海公约》，并于2002年6月完成《上海合作组织宪章》（以下简称《宪章》）。在《公约》和《宪章》中均提出"联合对抗各种形式的恐怖主义、极端主义、分裂主义""共同打击非法毒品交易、非法武器交易和各类跨国犯罪行为"，共同建立"发展多领域合作""维护中亚地区安全稳定"、推动"建立公正合理的国际秩序"的制度规范。《公约》与《宪章》的签订，表明了哈萨克斯坦对上合组织的基本政治立场的认同，也为哈萨克斯坦与中亚诸国的共同利益提供了基本的秩序保障。从《哈萨克斯坦2050发展战略》"一贯稳定可预测"的评价来总结哈萨克斯坦的国际安全战略，恰好反映出哈萨克斯坦自加入上海合作组织以来与中亚各国交往的公开、理性、规范，也反映出上合组织在很大程度上代表了以哈萨克斯坦为首的中亚诸国的国家利益，并将继续主导整个中亚的政治格局

哈萨克斯坦积极参与上合组织在各个层面所开展的合作，包括与其他成员国之间的经济合作，尤其是能源合作；在安全领域的合作，尤其是对三股势力的打击；在治理环境污染、打击跨国犯罪等多个领域的合作。

8. 与亚信的关系

亚信是"亚洲相互协作与信任措施会议"的简称，是以维护亚洲安全为基本宗旨的国际论坛。建立亚信的倡议是哈萨克斯坦首任总统纳扎尔巴耶夫1992年10月在联合国第四十七届大会上提出来的，纳扎尔巴耶夫设想以欧安会为楷模建立一个以维护亚洲安全为宗旨的国际合作机制。在哈萨克斯坦的大力推动下，亚信第一次筹备会议于1993年3月在当时的哈萨克斯坦首都阿拉木图举行，中国应邀参加。亚信于1999年9月14日通过了《亚信成员国相互关系原则宣言》，这为亚信举办峰会奠定了法律基础。

亚信第一届峰会于2002年6月4日在哈萨克斯坦阿拉木图市召开，峰会宣告亚信正式成立，包括中国在内的16个正式成员国参加。

本次峰会通过了《阿拉木图宣言》和《关于消除恐怖主义和促进文明对话的宣言》。亚信常设执行机构为秘书处，2006年6月正式启动，原设在哈萨克斯坦阿拉木图市，2014年9月搬迁至努尔苏丹。秘书处长官为执行主任，由亚信主席国提名大使级外交官担任，新任执行主任米尔佐耶夫（塔吉克斯坦籍）于2018年10月上任。亚信建立了国家元首和政府首脑会议（峰会）、外长会议、高官委员会会议、特别工作组会议等议事和决策机制。峰会和外长会议均为每四年举行一次，两会交错举行，间隔两年，举办峰会和外长会议的国家任主席国。中国于2014年5月至2018年9月担任亚信主席国，塔吉克斯坦于2018年9月接任亚信2018年至2020年主席国。

第八章 经济

第一节 经济概述

　　哈萨克斯坦是中亚五国中经济发展最快、经济实力最强的国家，是中亚地区目前最大的经济体。独立后的二十多年来，哈萨克斯坦的经济取得了巨大成就。2003年至2007年哈萨克斯坦GDP年均增长率在9%左右，2014年哈萨克斯坦GDP达到2 178亿美元，人均GDP达到12 601美元；2015年GDP比上年下降19.4%，GDP总量约为1 834.02亿美元，人均GDP约合10 524美元；2016年人均GDP下降至8 600美元，2017年哈萨克斯坦GDP增速为4%；2018年增速为4.1%，国内生产总值达1 705.39亿美元。

　　哈萨克斯坦经济沿袭苏联传统模式，以重型工业为主，重工业较为发达，轻工业较为落后。自然资源十分丰富，大部分耕地种植以春小麦为主的粮食作物，也种植棉花、甜菜和烟草等经济作物。哈萨克斯坦的经济之所以能够取得如此快速的发展，与其经济政策是紧密相关的。保持宏观环境稳定、国家不干预经济运行、努力实施自由贸易、快速发展开放型经济、保护国外投资及个人私有财产，这都是吸引其他国家前来投资的必要因素。

　　哈萨克斯坦丰富的石油能源和矿产资源是最吸引外商投资的主要方面，其得天独厚的自然条件为哈萨克斯坦国民经济的发展提供了充足的物资保障，带动国内经济迅速发展。哈萨克斯坦主张以巩固独立和主权为中心的理念，平衡外交，积极参与各种国际组织，是世界银行组织、联合国、国际货币基金组织成员，是北约和平伙伴关系国，是欧亚经济联盟、独联体、中亚合作组织、上海合作组织的重要成员，是中国"一带一路"倡议的有力支持者和合作国。哈萨克斯坦积极参与国际合作，已经同全球186个国家建立了贸易关系，最主要的贸易伙伴有欧盟、中国和俄罗斯。

根据哈萨克斯坦统计年鉴，该国对产业的分类包括种植业、畜牧业、采掘业、制造业、电力、公共事业的生产与分配、建筑业、批发与零售业、宾馆酒店业、交通运输和通信业、财政金融、房地产租赁和服务业、国家机关和国防、教育、卫生和社会保障等。根据国际标准产业分类方法，将这些产业分为以种植业和畜牧业为主的第一产业；以工业和建筑业为主的第二产业；以及除第一、二产业之外的所有产业，即第三产业。

1. 第一产业

哈萨克斯坦统计年鉴将第一产业划分为农业和捕猎业，其中农业又包括种植业和畜牧业。哈萨克斯坦独立初期，采取激进式的经济体制改革，对农业进行了私有化改革，将原有的大型国有农场及各种国有企业改变成小农场和农户经济体、股份合作制等非国有形式。但由于当时国内经济全面下滑、通货膨胀严重、国家对农业生产投入不足、农业管理体制改革滞后于农村地区的土地改革等原因，农业私有化改革并没有取得很好的发展，农业总播种面积逐渐降低，由1999年的3 493.55万公顷下降至1999年的1 528.53万公顷，1999年之后农业总播种面积才开始逐渐增加，农业产值也逐渐恢复到独立前的水平，由2000年的1 619.53万公顷增加至2015年的2 150万公顷。其中，粮食作物的播种面积占总播种面积的比重从1991年的65.21%上升至2007年的81.39%，之后略有下降至2014年的71.97%，后又降至2015年70.7%。从第一产业内部产值比重看，除了2006、2010和2012年之外，哈国第一产业内部种植业占农业的比重均高于畜牧业，占比基本在一半以上。其中2015年哈萨克斯坦农业生产总量增长4.4%，种植业产值增长5.6%，畜牧业产值增长3.2%。

整体上哈萨克斯坦第一产业内部种植业的占比要高于畜牧业，占比基本上都在一半以上。虽然种植业和畜牧业的产值都在平稳上升，但其占农业总产值的比重呈现不稳定的特征，主要是因为哈萨克斯坦在农业的整个生产链条上发展都比较落后，如作为农业上游表现为农作物生产资料供应和饲料保障不足，农业基础设施落后；农业的中游表现为农作物的病虫和牲畜的病疫防控能力差；农业的下游表现为农产品加工程度低和仓储、运输能力不足等问题，加上农作物的产量受自然条件影响较大，这些问题使得哈萨克斯坦农业发展比较缓慢。

2. 第二产业

从 1999 年至 2015 年哈萨克斯坦第二产业内部各产业产值占第二产业总产值的比重看，采掘业占第二产业比重处于先上升后缓慢下降趋势，采掘业占第二产业总产值的比重从 1999 年的 31.62% 上升至 2014 年的 45.77%，后又下降至 2015 年的 40%。2014 年采矿业总产值约为 628 亿美元，占工业总产值比重高达 60.8%。受国际能源价格下跌的影响，2015 年哈萨克斯坦采矿业占第二产业总产值的比例下降至 40%，但该年采矿业的总产值约为 789.48 亿美元，仍是第二产业中产值最大的行业和国民经济支柱产业。总体上看，与 1999 年相比，2015 年哈萨克斯坦采掘业上升了 20.95%。

与采掘业相反，虽然制造业产值呈绝对增长态势，但占比呈明显下降趋势。制造业产值从 2001 年的 68 亿美元增长到 2013 年的 386.5 亿美元，后略微降至 2014 年的 328 亿美元，后又升至 2015 年的 339.2 亿美元。但制造业产值占第二产业比重上升缓慢，自 1999 年的 42.75% 下降至 2010 年的最小值为 28.10%，之后有所上升，但上升幅度比较小，仅上升到 2015 年的 31.75%。与 1999 年相比，2015 年制造业占比下降幅度达 25.74%。

哈萨克斯坦建筑业的发展以 2008 年全球金融危机为分界点，自 1999 年至 2015 年哈萨克斯坦建筑业占第二产业比重呈现先上升后下降的发展状态。哈萨克斯坦建筑业在 2004 年至 2009 年期间进入蓬勃发展阶段，其产业平均占比高于 20%。2014 年随着哈萨克斯坦国家经济的复苏，建筑业略有回升。但 2015 年受国际价格的影响，建筑业回落明显。

哈萨克斯坦电、天然气与水的生产占第二产业比重从 1999 年的 11.24% 下降至 2008 年的 4.16%，为近年来最低水平。2008 年之后比较稳定，占比一直在 4.5%，后又上升至 2015 年 7.62%。哈萨克斯坦各地区电力资源分配不平衡，北部地区集中了 79.2% 的发电能力，西部占比10.8%，南部占比10%。北部地区发电量大是因为煤炭资源丰富，其产出的电力主要输入本国中部地区以及出口到俄罗斯。哈萨克斯坦西部和南部地区为电力短缺地区，其中阿拉木图地区是典型的缺电地区，其电力紧张状况主要通过北部地区输送和从中亚共同电网进口电力。

3. 第三产业

哈萨克斯坦第三产业内部占比较大的三类产业分别是批发与零售业、交通运输和通信业、房地产租赁和服务业。这三类产业的总产值占第三产业产值的70%左右，其他产业的比重相对较小，基本在10%以下。其中批发与零售业占比自1999年至2014年呈显著先降后升的趋势，从1999年的26%下降至2005年的21%，达到最低值，然后从2005年的21%上升至2014年的29%，与1999年相比，2014年零售与批发业的占比上升了12%。交通运输与通信业占比自1999年至2014年一直处于下降趋势，自1999年的23%下降至2014年的19%。房地产租赁与服务业占比自1999年至2014年呈现先升后降的趋势，从1999年的23%上升至2009年的29%，达到最高值，然后从2009年的29%下降至2014年的15%，与1999年相比，2014年房地产租赁与服务业占比还下降了35%。其他产业中除了财政金融活动的占比呈现先升后降的趋势外，其他各产业的占比变化不大。

2017年8月，哈萨克斯坦政府通过了未来五年投资战略。该战略表明，2018—2022年间，哈萨克斯坦将加大力度吸引国外直接投资。为优化哈萨克斯坦本国的投资环境，哈萨克斯坦投资与发展部表示将提升外来资本投资政策的透明度。在签证、移民、外籍劳动力、税收等方面进行全方位的完善，提升哈萨克斯坦经商环境的排名。哈萨克斯坦政府同时还将健全法律制度，完善投资督察员制度，保证国外投资者可以在哈萨克斯坦利用法律维权，以此来保护国外投资者权益。此外，哈萨克斯坦规定，外国企业在哈萨克斯坦投资建厂，其生产的产品符合相关条件后，能够享受关税全部减免的优惠。

打造绿色经济也是哈萨克斯坦近年来经济规划的重要方面，为此哈提出了多个领域的发展目标；在农业领域，加快发展绿色生态农业；在工业建设领域，使用最新型合成材料，注重技术性和环保要求；在对外引资方面，允许外商开采和使用能源的前提条件是必须在境内采用生态化的、无公害的技术。哈萨克斯坦在不可再生资源领域已展开了多年的实践和探索。哈萨克斯坦目前是最早研究绿色节水经验、注重学习发达国家供水节水技术、引进澳大利亚地下水采集和节水技术的独联体国家。而对不可再生能源，哈萨克斯坦已提出2025年前国家将生产全面满足本国市场供应符合生态新标准的燃料——润滑材料。

从未来发展方向看，哈萨克斯坦将采取一系列措施以改善营商环境，保持金融系统的稳定，建立可靠的法律体系，为经济的有效增长奠定基础。在经济的多样化方面，将通过诸如石油加工和石油天然气领域基础设施建设、冶金和金属成品的生产、化工、制药、国防工业、农产品加工、建筑业和建材生产以及能源、交通和运输等领域的超前发展以实现该目标。为了挖掘经济的创新潜力，为未来经济发展打下良好基础，哈萨克斯坦提出将重点对智能技术、人工智能、网络实体系统、未来能源、设计与工程学等领域进行开发。在纳扎尔巴耶夫大学设立的高新技术园区——努尔苏丹商业园，以及在阿拉木图设立的阿拉套科技园内汇集了大量科研型和创新型机构，成为科研创新体系的强有力基石。

第二节　　农业

哈萨克斯坦是个地广人稀的国家。哈萨克斯坦的农业通常包括种植业、牧业、林业、渔业、狩猎业等，其中种植业产值约占农业总产值的60%，牧业产值约占40%，其他部门则微乎其微。2014年人口约为1 700万人，拥有适于农牧业的用地约1.2亿公顷，其中耕地约2 277万公顷，是世界上人均占有农牧业用地较多的国家之一。哈萨克斯坦农业具有国有化程度高、粗放经营、投入大产出少、生态环境恶化的特点。苏联时期的农业基本生产单位为国有农场和集体农庄。独立后，哈萨克斯坦农业体制发生了重大的变化。现在基本上由股份制农业企业、居民经济（集体经济）和农户经济（个体经济）组成。同时推行以私有化为先导的农村改革，农民个人取得了土地的使用权和其他生产资料的所有权，原有的生产关系发生了很大变化。

哈萨克斯坦拥有以牲畜和粮食为特色的大型农业部门。这个拥有大片肥沃土地的国家在农业方面具有巨大潜力。它是世界上主要的粮食生产国和出口国之一。农业部门在GDP中的比例约为5%~6%。该国有三个普遍的农业生产者群体：大型农业企业和较小的个体农场，主要从事粮食，以及以蔬菜和牲畜为重点的小型家庭经济。该国74%以上的土地适合农业生产，但只有25%的土地是耕地。最重要的农产品是小麦、玉米、大米、燕麦、棉花、土豆、蔬菜、甜菜和向日葵。

1. 农业政策变化

独立后，哈萨克斯坦一度面临耕地面积大量减少，粮食产量大幅度下降，其他重要经济作物产量也不断减少，种植业陷入严重危机状况。畜牧业形势也不容乐观，无论牲畜存栏数，还是畜产品的产量都在不断下降。进入21世纪，哈萨克斯坦经济开始好转，国家也开始注重解决农业方面存在的问题。不过由于种植业仍是靠天吃饭，粮食产量很不稳定，时好时坏，加上其他因素影响，该国种植业一直未得到有效发展。农业部门存在的问题已经引起哈萨克斯坦领导层的高度重视。为使农业尽快摆脱困境，哈萨克斯坦政府提出两条思路：一是国家继续支持农业，但不是靠国家向农业企业提供贷款，而是靠继续深化改革，使农业能够适应市场经济的要求。二是明确土地的真正所有者。哈萨克斯坦已决定通过土地私有化做到这一点，并希望以此来改变农业现状。在具体措施上，哈萨克斯坦重视发展农场经济以及农产品加工和贸易的中小企业，借助新的科技和管理成果重振哈萨克斯坦畜牧养殖业。提出到2050年农业产值在国内生产总值中所占比重增长4倍，到2020年国家扶持农业的资金规模提高3.5倍的发展目标，采取激励农业生产的措施，例如组建大中型农业生产企业，对一定时期内尚未开发的土地征收重税等。总之，哈萨克斯坦的农业发展战略可以归纳为：利用先进的科学技术和管理手段，加大国家投入、扩大种植面积，以达到提高粮食产量，并在世界粮食市场占据主要位置的目标。

2. 主要产业部门的发展概况

哈萨克斯坦丰富的土地资源，多样的土壤和气候，为种植各种温带作物提供了有利的条件。种植业是该国农业的重要组成部分，受气侯、土质和水利条件的影响，谷物、甜菜、葵花籽种植以北部和东北部为主，水稻、蔬菜、棉花、瓜果类以南部和西部为主。主要产品有棉花、油料作物、马铃薯、蔬菜、瓜类、浆果等。主要农作物有小麦、黑麦、大麦、玉米、棉花、甜菜、葵花籽、马铃薯等，其中以小麦播种面积最大。

哈萨克斯坦国土虽然辽阔，但森林资源蓄积量并不高，该国森林主要分布在东部和东南部山区。由于采伐过度，木材蓄积量不断减少，同时也带来气候变化，旱灾不断。为解决森林采伐过度、森林面积减少等问题，哈萨克斯坦于2003年制定了《森林法》，此后又制定了一系列治理生态环境的法规，特别注重人工造林和加强对森林的保护与管理。近年来，由于建筑业和其他基础设施发展很快，对木材的需求量很大，本国木材不能自给，需要从俄罗斯等国进口。哈萨克斯坦总体林产品产量呈下降趋势。受国内经济波动影响，原木和木质燃料生产又呈先上升后下降的趋势。近10年来，随着哈萨克斯坦加工工业的发展，开始有锯材、人造板等木制加工品的出现，但产量较小，多用于国内需要。哈萨克斯坦进口的林产品主要来源于俄罗斯和近邻欧洲（包括捷克、波兰等东欧国家和德国、芬兰等中北欧国家），中国也是其主要进口国之一。出口的林产品类少、数量低，主要销往周边的乌兹别克斯坦、土库曼斯坦等国家。

哈萨克斯坦约有四分之三农业用地为牧场，这为发展畜牧业创造了有利条件。畜牧业为哈萨克斯坦农业的重要组成部分，它由养羊、养牛、养马、养驼、养猪、养禽等部门组成。养羊业是哈萨克斯坦畜牧业的主要组成部分，哈萨克斯坦养羊业根据各地区气候条件的不同和自然条件的差异，以及对细毛、半细毛、卡拉库尔羔皮和优质羊肉的大量需求，养羊业确定了细毛、半细毛、卡拉库尔羔皮和肉脂兼用四个生产方向。养羊业分布在全国各地，在南部、西部和东部特别发达。在东哈萨克斯坦州、阿克莫拉州和南哈萨克斯坦州产细毛羊和卡拉库尔羊。养牛业也很发达，有些肉牛品种是当地经过多年培育而形成的良种，如哈萨克白头牛；有些则是引进的，如桑特格牛。为了增加牛肉和牛奶的生产，养牛业已经开始向专业化方向发展,成立了许多培育和饲养牛犊的专业化综合体和工厂化饲养场。哈萨克斯坦的养牛业已初步形成了育种繁殖—育肥—出栏—销售的完整体系。养牛业主要在北部，养驼业在南部，在鲁德内阿尔泰地区有养鹿业，在北部有5个专门养殖皮毛动物的单位。目前，畜牧业产值占农业总产值的

40%左右。此外，哈萨克斯坦还是个具有养兽、狩猎传统的国家，其目的主要为获取兽皮。养兽种类有狐狸、北极狐、水貂、大水鼠、黄鼠等，不过养殖数量并不大。

3. 农业生产的特点

农业生产全程机械化。哈萨克斯坦在苏联时期实行的是国有大型农场集体生产经营，农业生产的机械化、集约化程度高。为尽快提升本国农业机械化水平，保障粮食生产安全，近年来，哈萨克斯坦从俄美等国进口大型农机具。2012年9月，哈萨克斯坦农业金融集团公司进口了760台联合收割机。2013年，哈萨克斯坦农业机械租赁公司又与俄罗斯农机制造厂签订了一次性进口500台联合收割机的合同。同时，政府对更新改造联合收割机、拖拉机等农具停车库棚给予政策支持。

推行农机租赁。国家推行农业机械租赁业务，如哈萨克斯坦农业金融股份公司的主要业务就是开展农业机械租赁，国家是这些租赁公司控股股东。公司成立的目的，就是确保农场主及农产品生产者获取金融资金支持与国家农业发展政策的支持。通过降低租赁公司贷款利息、改变补贴政策等，支持先进农业机械设备租赁，从而保证广大农民可以较为合理的价位租到机械设备，降低农民购机的资金压力。

发展农用飞机。哈萨克斯坦现有苏制AN-2农用飞机300架，平均服役年限已超过32年。为保证实施粮食出口战略，提高农业航化作业能力，更换高性能农用飞机已成为当务之急。哈萨克斯坦准备在近几年内购买美国罗克韦尔国际公司设计制造的"画眉鸟—10"农用飞机，以更新国内现有的农用飞机。

取消部分农机进口关税。哈萨克斯坦政府出台了《关于海关关税和外贸商品目录》的决议，取消了播种机、多功能中型耕地机以及装卸机、拖车、收割机等农业机械的进口关税，将履带式拖拉机的进口关税从15%大幅下调至5%。另外，关税联盟成员国农机进口关税不予征收。同时，哈萨克斯坦农业部还对进口农业机械实施6%～12%的补贴额。

建设农机工业。除了采购俄罗斯、美国等国家的农业机械外，哈萨克斯坦也致力于自主生产农业机械设备。哈萨克斯坦已在阿拉木图州卡拉套市一机械修理厂的基础上改建拖拉机制造厂，工厂改造总投资约2.68亿坚戈，中国一拖集团有限公司作为战略伙伴关系向该厂提供拖拉机组装部件。

提升粮食产业化生产水平。哈萨克斯坦为推动粮食生产、运输、仓储和销售等多领域的市场化改革，积极支持发展各类合作组织及联合会，主要目的是将小生产者联合起来。依托农业合作社、农业发展联合会等农业合作组织，支持农业现代化、农业机械化和市场化的快速发展。

加强农田水利设施建设。哈萨克斯坦政府加大投入力度和建设步伐，加强以农田水利为重点的农业基础设施建设，努力提高农业综合生产能力。编制和完善农田水利建设规划，整体推进农田水利工程建设和管理。

推动农产品集约化生产及出口。哈萨克斯坦对农业实施了市场化改革，农场主根据国内外市场自主决定农业生产，同时政府推动农产品集约化生产及出口，防止产品滞销积压。

哈萨克斯坦大部分粮食出口到俄罗斯、伊朗、中国和其他中亚国家。哈萨克斯坦小麦的最大进口国是乌兹别克斯坦、塔吉克斯坦、阿富汗、中国、意大利和土耳其。最近，对伊朗、瑞典和突尼斯的小麦出口也有所增加。

哈萨克斯坦是仅次于土耳其的第二大面粉出口国，2016年的面粉出口总量达到近4.94亿美元，高于2015年出口的4.86亿美元。该国另一种产量最高的谷物是大麦。伊朗是哈萨克斯坦大麦的最大进口国，占哈萨克斯坦2016—2017年出口总量的87%。2016年和2017年哈萨克斯坦大麦出口的新成员是美国和德国。

俄罗斯是哈萨克斯坦农业机械和设备的主要出口国，占有40%的市场份额。德国、加拿大、荷兰、白俄罗斯、土耳其和中国是其他大型供应商。哈萨克斯坦政府和私营实体都在寻找国际合作伙伴，以增加现有的农业机械和设备的国内生产，并建立新的制造和装配设施。

第三节　工业

哈萨克斯坦工业基础较为薄弱，发展缓慢，但是一个具有巨大发展潜力的国家。从产业结构上看，受苏联模式的影响，仍存在着轻重比例失调的问题，其中，能源、电力、冶金业、机器制造和金属加工业、化学工业和石化工业所占份额居前，而轻工业和其他行业则相对滞后，大部分日用消费品依靠进口。随着产业结构的调整，比例有所变化，但能源和冶金工业仍为工业主要部门，是国家的支柱产业，并且在未来一个时期内很难有大的改观。哈萨克斯坦独立后实施经济改革，分阶段推行市场经济和私有化，由于经济体制转型、反经济危机措施的提出，以及提倡建立中小企业，推动创新经济的发展，也出现了一些新变化。当前，哈萨克斯坦工业企业分为国有、混合所有、私有、外国资本所有四种所有制形式。其中私有制企业所占比重最大，国有企业大多为大型或特大型企业，比重不大，但在国民经济中有举足轻重的作用。从经营状况上看，大中型企业对国家税收的贡献最大。

　　哈萨克斯坦拥有丰富的油气和矿产资源，经济严重依赖于原料产品生产。丰富的矿产资源是哈萨克斯坦的禀赋优势，拥有90多种矿藏、1 200多种矿物质原料，2014年其最大的卡沙甘油田石油可采储量达10亿吨，天然气可采储量1万亿立方米，成为世界上石油天然气蕴藏和出口大国，已探明储量居世界第七位，独联体第二位。哈萨克斯坦正是凭借丰富的自然资源优势，建立和发展了实力雄厚的石油天然气、铀和煤炭工业，开采并加工黑色金属矿产、有色金属矿产和贵金属以及各种各样的非金属矿产。哈萨克斯坦开采和加工的矿产品出口至欧洲、美国、中国、韩国、新加坡、马来西亚和其他国家，矿产资源出口成为哈萨克斯坦经济支柱产业和出口创汇的主要产业。从第一、第二、第三产业的产值比例看，哈萨克斯坦矿业占总产值的比重高，丰富的矿业资源成为经济增长的主要来源。

　　1. 石油天然气工业

　　哈萨克斯坦油气资源丰富，石油探明储量为48亿～59亿吨，占世界总储量的3.3%。据哈萨克斯坦本国专家评估，2025年之前，哈萨克斯坦原油探明储量占世界的比重将由现在的3.5%提高到5.5%。2007年，哈萨克斯坦国家储量委员会批准的包括哈属里海水域在内的石油探明可采储量约为48亿吨（其中陆上部分超过40亿吨）。哈萨克斯坦总的潜在的原地资源量为120亿～170亿吨，其中60%以上集中在哈属里海水域。哈油气储量的90%以上集中在15个特大型油气田：田吉兹、卡沙甘、卡拉查干纳克、乌津、热特巴伊、扎纳诺尔、卡拉姆卡斯、肯基亚克、卡拉让巴斯、库姆克尔、北布扎奇、阿里别克莫拉、中-东普罗尔瓦、肯巴伊及卡拉列夫。其中，卡沙甘和田吉兹这两个巨型油田的油气储量占哈油气总储量的一半。现阶段已实现工业开发的有5个，分别是滨里海盆地、曼吉斯套盆地、乌斯秋尔特盆地、南图尔盖斯克和楚-萨雷苏克盆地。

目前，哈萨克斯坦的含油气区内共有191个油田和49个凝析油田，其中80多个正在开发。在哈萨克斯坦的14个州中有6个州发现了油气田，它们是：阿特劳州、西哈萨克斯坦州、阿克托别州、卡拉干达州、克孜勒奥尔达州和曼吉斯套州。

阿特劳州拥有最多的探明储量，目前已发现75个油田，总探明可采储量达9.30亿吨。田吉兹油田是其中最大的油田，探明可采储量7.81亿吨。阿特劳州其他油田的总探明可采储量约为1.5亿吨，其中半数以上集中在卡拉列夫油田（5 510万吨）和肯巴伊油田（3 090万吨）。曼吉斯套州已发现近70个油田，其原油探明可采储量为7.25亿吨，凝析油探明可采储量560万吨。近半数的油田处于生产中，其中绝大多数处于开发后期。剩余可采储量的大部分属于难开采储量。曼吉斯套州大的油田有乌津、热特巴伊、卡拉姆卡斯、卡拉让巴斯等。

西哈萨克斯坦州约有15个油田。卡拉查干纳克凝析油气田是该州最大的油田，液烃可采储量约为3.2亿吨，天然气储量超过4 500亿立方米。2005年9月，与卡拉查干纳克凝析气田相邻的费多罗夫区块获得了油气发现，其原油及凝析油储量为2.0亿吨。

阿克托别州是哈萨克斯坦的一个油气远景区，该州已发现25个油气田，原油及凝析油可采储量达1.70亿吨的扎纳诺尔油田群是这一地区最具意义的地质发现。2005年，CNPC阿克托别油气股份公司宣布，在滨里海盆地东部的中部区块发现了乌米特油田（希望油田）。专家认为，该油田属扎纳诺尔大油田东南延伸部分，是一个新的油气远景区。

库姆克尔油田群是克孜勒奥尔达州和卡拉干达州的主要油气生产基地。2005年夏，哈萨克斯坦石油公司宣布了在该地区与克孜勒齐亚油田北部相邻的科尔让区块内的商业发现。2007年，该公司申请了这个原油储量达7 000万桶的油田的开发许可证。

哈萨克斯坦辖属里海和咸海水域是哈萨克斯坦最具油气资源开发潜力的地区。据前期评价，这里的原油可采储量高达140亿吨。2000年初，在北里海发现了预测可采储量48亿吨、可采储量20.2亿吨的卡沙甘油田，这是世界上近30年来油气勘探领域中最重大的发现之一。

石油天然气工业是哈萨克斯坦最重要的工业部门之一，石油天然气工业产值占本国工业产值的1/3，上交的利税占国家税收的30%，创汇占国家外汇收入的40%，由此可见该部门对国家的重要性。

1997年到2007年，哈萨克斯坦石油产量逐年上升，1997年日产量为522桶，2007年日产量为1 446桶，年均增长率为16%；2008年日产量与2007年基本持平，2009年哈萨克斯坦石油日产量为1 542桶，2015年日产量为1 751桶，供给保持平稳上升，年均增长率为2.3%。2015年哈国石油产量为170万桶，占世界石油总产量的1.8%。哈萨克斯坦石油出口额占其出口总额的比例是逐年上升的。哈萨克斯坦石油出口额占其出口总额的比例由1997年28%上升至1999年的41%，但占比都小于50%，2000年上升为50%，2005年上升到66%；2006年到2015年，这一比例达60%以上，平均占比为65.7%。

1997年到2001年哈萨克斯坦石油出口额较小，但呈小幅上升趋势，2001年哈萨克斯坦石油出口额为44亿美元；2002年到2008年哈萨克斯坦石油出口总额出现大幅度上升，从2002年的52亿美元上升到2008年的460亿美元，年均增长率为130%；2009年受世界金融危机的影响，国际石油价格大幅度下降，哈萨克斯坦石油出口额下降到276亿美元；2010年国际石油价格逐步回升，哈萨克斯坦石油出口额由2010年的388亿美元上升至2013年的605亿美元，年均增长率为18.6%；2014年和2015年受到国际石油价格下降的影响，哈萨克斯坦石油出口额持续两年下降。2017年哈萨克斯坦原油产量为7 290万吨，较2016年同期增长11.2%。2018年哈萨克斯坦石油产量达9 030万吨，同比增长4.7%，该年度哈萨克斯坦三个大型项目的石油产量为5 390万吨，其中卡沙甘油田为1 320万吨、田吉兹为2 860万吨、卡拉恰甘纳克为1210万吨。

哈萨克斯坦境内注册和运营的各类规模石油天然气企业有81家，年产量超过百万吨的大型油气企业有14家，其中乌津油气公司和恩巴油气公司隶属于国家油气集团，田吉兹-谢夫隆公司、卡拉恰甘纳克公司、曼吉斯套油气公司、哈德油气公司、哈萨克石油库姆科尔公司、图尔盖石油公司、卡拉赞巴斯石油公司和哈萨克石油阿克托别公司这8家公司则有国家油气集团参股，剩下4家则是外资石油公司，分别是中石油阿克托别公司、KAM公司、布扎奇公司和卡拉库杜克石油公司。这14家企业约占哈萨克斯坦石油开采总量的90%。哈萨克斯坦现有阿特劳、巴甫洛达尔、奇姆肯特三大石油炼制厂，共有加工2 200万吨石油的能力，并且随着扩建和技术改造，还有上升的空间。

石油运输以管道和铁路为主，天然气运输则主要以管道为主。目前，哈萨克斯坦原油出口运输体系由油气管道、具有储存和罐装能力的港口及港口设施、租赁的外国油轮、辅助舰船、铁路油气灌装站及油罐车组成。哈萨克斯坦现有的主要原油出口管线有：北线经阿特劳–萨马拉管道至新罗西斯克港出口到欧洲市场，2007年通过这一路径出口的原油占总出口量的34%；西线经里海国际石油财团管道系统（CPC）出口，原油出口量占总出口量的51.7%；南线经由与伊朗达成的协议，原油出口量占总出口量的6.7%；东线经中哈原油管道出口到中国（阿塔苏—阿拉山口），原油出口量占总出口量的7.6%。

目前，哈萨克斯坦炼油工业的核心有三大炼油厂：西部的阿特劳炼油厂、东北部的巴甫洛达尔炼油厂和南部的奇姆肯特炼油厂。三大炼油厂的最大炼油能力总计1 850万吨/年。除三大炼油厂外，哈萨克斯坦还有13个小型炼厂，但在哈萨克斯坦内燃料市场所占比重不大。

2. 煤炭工业

煤炭工业是哈萨克斯坦传统产业部门，是电力部门和化工部分主要动力来源。该国的煤炭资源储量也十分丰富，居世界第八，迄今共发现400多处煤田，总储量约为1 702亿吨，大多分布在卡拉干达和埃基巴斯图兹。哈萨克斯坦现有煤炭企业60多家，大部分为大中型企业，主要有卡拉干达煤田、埃基巴斯图兹煤田、图尔盖煤田和迈库边煤田。受整个经济环境的影响，哈萨克斯坦的煤炭产业也陷入了低迷区，但仍是目前电力部门的主要动力来源，也是出口产品之一。

3. 电力工业

哈萨克斯坦的电力工业以火电站为主，其中在埃基巴斯图兹煤田建有以地区名称命名的第一发电厂和第二发电厂。在一些州府和工业中心也有火电站，其中在阿克苏、阿拉木图、卡拉干达、塔拉兹等城市的电站规模较大。哈萨克斯坦的水资源和水能资源主要集中分布在三个区域：一是东部地区，主要分布在额尔齐斯河流域及其主要支流布赫塔勒姆河、乌巴河、库勒丘姆河、乌勒巴河、卡勒德如勒河；二是东南部地区，主要分布在伊犁河流域和东哈尔巴什湖流域；三是南部地区，主要分布在锡尔河、塔拉斯河和楚河。水电在哈萨克斯坦的发电量中所占比重不大，在额尔齐斯河上有乌斯季卡缅诺戈尔斯克水电站、布赫塔尔马水电站、舒尔宾水电站等；伊犁河上有卡普恰盖水电站等；锡尔河上有恰尔达利亚水电站。阿克苏核电站是哈萨克斯坦唯一的核电站，按照政府"清洁能源"发展计划，还要修建新的核电站。哈萨克斯坦电力资源分配不平衡，北部和东部电力过剩，甚至出口俄罗斯，但南部和西部短缺，需要电力进口。独立后，哈萨克斯坦国内电力行业也进行了改革，对原有体系进行拆分，组建了电力生产公司、国家电网公司和地区电网公司。国家电网公司由萨姆鲁克-卡森纳国家基金完全控股。

近年来，哈萨克斯坦实施一系列对国家具有战略意义的电力基础设施建设项目。如2009年第二条"北—南"输电线路竣工，为一向电力短缺的南部地区提供了稳定的供电保障。此外，还建成了马伊纳克水电站，并开始建设巴尔喀什热电站和加快埃基巴图兹第二电站的建设。2012年，哈萨克斯坦工业和新技术部出台《电力发展纲要》，预计2030年发电量将达1 202亿千瓦时，2012年—2030年投资总额约9.4万亿坚戈。

哈萨克斯坦电力发展的战略目标为建设全国统一的电力体系，全面满足国内供电需求，发展出口，确保与俄罗斯和其他中亚国家的电力合作安全稳定；建立电力市场的竞争机制，改造现有电力企业，实现现代化生产和管理，提高工作效率；发展新能源，改善电力结构；改善电网结构，合理配置电力资源，对现有发电和输配电基础设施进行改造。具体表现为大力发展水电、油气热电、风电和核电。积极发展小水电和新能源，提高天然气和水力发电比重，以减少对煤炭的依赖。至2020年水力发电比重将从目前的12%提高到20%，风力发电将从目前的不足1%提高到4%。优化电源布局，在北部和南部新建一批电站。对现有电站进行技术升级改造，主要对埃基巴斯图兹1号和2号电站进行扩容改造。另外，对全国大量落后或废弃的小水电站实施更新改造。对现有电网进行升级改造，哈萨克斯坦计划新建和改造输电线路和一大批变电站，形成全国统一高效的电网系统。在2014年通过的"光明之路"新经济计划中要求加快埃基巴图兹—塞梅伊—奥斯卡曼和赛梅—阿克托别—塔尔迪库尔干—阿拉木图高压电网建设，以平衡各地区对电力的需求。

4. 钢铁工业

哈萨克斯坦的黑色金属矿产资源主要包括铁矿、锰矿、铬矿。哈探明的铁矿石储量主要分布在科斯塔奈州和卡拉干达州，主要矿区有科斯塔奈州铁矿区。工业矿床主要集中在中部矿带（主矿带）中，如索科洛夫–萨尔拜大型矿床、利萨科夫矿床和卡恰尔超大型矿床。在哈萨克斯坦中部还有卡拉塔矿床和阿克纠宾矿床。锰矿主要分布在卡拉干达州和东哈萨克斯坦州，储量位于南非和乌克兰之后，居世界第三位。铬矿主要集中在阿克托别州的穆格扎尔山区。

哈萨克斯坦有铁矿石开采企业40多个，其中大中型企业6个，黑色冶金企业2个，皆为大中型企业。该国大型钢铁企业有卡拉干达钢铁联合企业、哈萨克斯坦钢铁厂、阿拉木图钢铁厂、阿克托别铁合金厂、阿克苏铁合金厂。其中，卡拉干达钢铁联合企业是哈萨克斯坦黑色金属工业的支柱企业，产品以出口为主。哈萨克斯坦的黑色金属市场主要在非独联体国家。

5. 有色冶金工业

有色冶金工业是哈萨克斯坦国民经济的重要部门，储量丰富的有色金属、稀有金属和贵金属为行业发展奠定了基础。

哈萨克斯坦有色金属和稀有金属矿藏极为丰富，铜、铅、锌、铝、钛、镁、钨等储量在世界上占举足轻重的地位。其中，铜矿石主要集中在巴尔喀什地区，有世界十大斑岩铜矿之一的科翁拉德超大型铜矿床。北部有博谢库利铜钼矿床，中部有杰兹卡兹甘铜矿。铅锌矿主要集中在阿尔泰和卡拉套。较大的矿床有列宁诺戈尔斯克矿床（矿石储量383万吨，品位11%）。铝土矿主要集中在中西部，有阿尔卡雷克铝土矿床。最大的钨矿床是卡拉干达附近的卡拉欧巴大型矿床。镍主要分布在哈萨克斯坦西北部地区，主要矿床为肯皮尔塞镍（钴）矿床。锡矿主要分布在卡拉欧巴钨锡矿床中。钼伴生在科翁拉德、博谢库利、萨亚克斑岩铜矿和卡拉欧巴矿中。在哈北部和西北部发现并探明的综合性钛铁矿最为重要。此外，在靠近咸海地区、巴甫洛达尔、额尔齐斯河沿岸和斋桑盆地中都发现有含钛的砂矿。贵金属矿以金为主，除在列宁诺戈尔斯克铅锌矿床、科翁拉德铜矿等矿床中伴生外，在哈萨克斯坦东北部还有巴基尔奇克金矿床。该国还有稀土及其他稀有元素，包括钽、铌、铯等，主要分布在哈萨克斯坦东北部和曼吉斯套地区。

哈萨克斯坦有色金属产品质量很好，乌斯季卡缅诺戈尔斯克、巴尔喀什、热兹卡兹甘等地生产的铜在伦敦有色金属交易所属于免检产品，有色金属产品销往世界30多个国家和地区。哈萨克斯坦有色金属生产最初集中在东部和中部，后来向南部和北部扩展。有色金属工业主要企业如下：

铅锌业共12个企业，其中3个冶炼企业、9个采矿企业。冶炼企业有：马斯季卡缅诺戈尔斯克铅锌联合企业、列宁诺戈尔斯克多金属联合公司、希姆肯特铅厂。采矿企业有：阿什塞矿、额尔齐斯矿、列宁诺戈尔斯克多金属矿、东哈萨克斯坦铜化学矿、济良诺斯克铅矿、捷克利铅锌联合企业、雅伊列姆矿、热兹肯特矿、卡拉加伊林斯克选矿公司。铜业生产企业有3个：巴尔喀什铜厂、杰兹卡兹甘选矿公司、额尔齐斯炼铜厂。铝业有3个大型企业：巴甫洛达尔铝厂、图尔盖铝厂、红十月矿山管理局。采金业共有6个采金厂，哈萨克斯坦金矿、阿尔泰金矿、马伊卡因金矿、阿克巴卡伊金矿（占12%）、巴凯尔奇克金矿（占4%）、瓦希尔科夫金矿。钨钼业中，哈萨克斯坦钨联合企业是该国最大的生产厂家，不仅生产钨，也生产锡、钼、铋。哈萨克斯坦稀有金属矿藏也十分丰富，别洛戈尔矿山联合企业就生产钛。

6. 机械工业

哈萨克斯坦机械制造业形成于第二次世界大战。二战期间，俄罗斯和乌克兰一批大型机械制造企业疏散到后方，成为哈萨克斯坦机械制造业的基础。战后，随着大规模垦荒和发展矿业与化学工业，机械制造业进一步发展起来。苏联时期的劳动分工中，哈萨克斯坦主要负责发展农机、矿山设备和化工设备制造，颇具规模。

哈萨克斯坦独立前，农机、重型机械和电机制造占机械制造业产值的半数以上，仅农机制造一项即占三分之一。独立后哈萨克斯坦机械制造业产值占本国工业产值的2%～3%，对提升工业产值的作用有限。农机制造集中在巴甫洛达尔和努尔苏丹，著名农机制造企业有哈萨克斯坦农机制造厂、巴甫洛达尔拖拉机制造厂、阿克托别农机制造厂、曼肯特畜牧机器制造厂等。工业设备制造集中在阿拉木图、卡拉干达、乌斯季卡缅诺戈尔斯克、希姆肯特、阿特劳等城市，以生产重型机械，特别是采矿、冶金机械为主。机械制造业的主要产品有切削机床、锻压设备、轧钢设备、化工设备、大型拖拉机和农牧机具等。电器设备生产集中在乌斯季卡缅诺戈尔斯克等城市，该部门还生产仪表、建筑机械、道路机械、公用设备机械以及军工产品。这类企业有乌斯季卡缅诺戈尔斯克仪表厂、科克舍套建筑仪表厂、肯套压路机厂、塔拉兹筑路机械厂等。

7. 建筑业

近年来，哈萨克斯坦的经济增长对建筑业的发展产生了积极影响，主要城市有住宅、办公室、商业和多功能项目。此外，全国正在规划大型基础设施和工业项目，建筑行业的进一步发展，安全性的提高以及建筑产品质量的提高是哈萨克斯坦政府关键的经济和政治任务。

住宅建筑的建设是哈萨克斯坦发展最迅速的领域之一，2014年住宅建设最活跃的地区是阿拉木图地区（22%），其次是努尔苏丹（18.9%）和南哈萨克斯坦地区（18%）。在投资方面，南哈萨克斯坦地区领先增长99.4%，价值近6 500万美元。住宅建设投资第二受欢迎的地区是阿克莫拉地区，价值为5 100万美元，以及巴甫洛达尔地区，价值近3 000万美元。2015年1月~7月，哈萨克斯坦建造了390万平方米的住宅建筑。

2010年，哈萨克斯坦政府批准了2010—2014年加速工业创新发展计划，这是旨在刺激哈萨克斯坦经济各个部门工业创新活动的经济发展战略，建筑业是重中之重。该计划中的项目融资由国家预算、商业银行和国际金融开发机构提供。

2012年，哈萨克斯坦政府批准了"经济适用房——2020"方案，提出了国家支持经济适用房建设等措施，用于稳定新住宅建设的供应。根据该计划，到2020年，将有31.25亿平方米的出租房屋可供使用。此外，哈萨克斯坦其他类型的建筑服务也都有需求。目前，所使用的建筑材料中有57%是在哈萨克斯坦国内生产的，当地生产的材料包括水泥、砖、木门、窗户、钢门、软铁屋顶。由于相当大比例的当地生产的材料和产品不符合国际标准，所以大多数其他材料主要来自俄罗斯、中国、乌克兰、德国、土耳其、乌兹别克斯坦、意大利和其他国家。随着哈萨克斯坦加入欧亚经济联盟，俄罗斯建筑材料的出现迅速增加。近年来，由于哈萨克斯坦政府强调替代进口产品和工业多样化，根据产品类别的不同，哈萨克斯坦国内建筑产品的生产增长率在3%～30%。

哈萨克斯坦房地产租赁和服务业迅速发展的主要原因，是国内人均居住面积不足且住房过于陈旧。随着哈萨克斯坦人均收入的不断提高，其国内居民对住房质量的需求也在不断提高。与此同时，随着外来务工和毕业生涌向城市，哈萨克斯坦城市住房压力加大。由于房源不足以及更多人需要更换住房导致哈萨克斯坦大城市房价上涨，使得大多数居民愿意选择租赁住房以满足其需求，致使房地产租赁和服务业蓬勃发展。但2008年全球金融危机之后，该行业出现逐步下降趋势，主要原因是由于以石油天然气等行业为主的采掘业受到冲击，导致国民收入下降，造成房地产行业及相关产业的回落。

第四节　交通运输业

哈萨克斯坦国土辽阔，居民居住分散，无论是从发展经济、国防安全，还是从人民生活需要来看，交通运输都至关重要。沙俄早在19世纪末20世纪初就在中亚地区修建了土西铁路。在苏联时期，为发展这里的经济，苏联又大量投资交通运输业，形成了公路、铁路、航空、水运、管道等综合运输网络，其中以公路和铁路为主。管道运输是哈萨克斯坦近年来发展的重点，主要是为满足不断增加的石油运输的需要。

目前哈萨克斯坦主要有四种交通运输方式，其中汽运和铁路运输是当前哈萨克斯坦最主要的运输方式。2012年汽运占货运量的84.4%，2014年虽然汽运占比下降至31.8%，但汽车运输方式占比位居第二。2012年铁路运输位居第二位，占货运量的9%，其比重远远小于汽运。但2014年铁路运输占货运量的43.9%，位居第一。管道运输主要取决于哈萨克斯坦与周边国家的石油天然气输送，2012年该运输方式占哈萨克斯坦货运比重的 6.4%，占比较小。哈萨克斯坦作为一个内陆国，相比于其他运输方式，水运并不发达，水运主要集中在里海的三个港口：阿克套国际贸易港、包季诺港和库雷克港。

　　总体上看，目前哈萨克斯坦交通运输体系的特点表现为：一是"南—北"方向的汽运基础设施比"东—西"方向的相对发达，但哈萨克斯坦公路基础设施整体落后，大约只有 37% 的国道和 9% 的地方公路状况良好，大多数为三级公路。二是哈萨克斯坦铁路网密度较低，虽然哈萨克斯坦的铁路技术指标、现代化程度以及运输能力在独联体地区位居第三位，仅次于俄罗斯和乌克兰，但相比之下，哈萨克斯坦铁路网密度小且铁路技术水平较低。哈萨克斯坦铁路大多数呈"南—北"方向走向，而且哈萨克斯坦与中国之间的道路基础设施相对薄弱，这显然不能完全满足欧洲、俄罗斯及中亚其他国家和中国日益增长的运输需求。三是哈萨克斯坦交通部门技术水平落后，缺乏统一的战略引导，缺乏现代化组织和管理手段。四是哈萨克斯坦仓储物流终端设施不完善，目前哈萨克斯坦有 19 个物流终端和仓库，其中只有 6 个物流终端的级别为 A 级，配套设施较完善，且都集中在大型工业中心城市，其他的物流终端的水平较低且相距甚远。

　　首任总统纳扎尔巴耶夫在 2014 年的国情咨文中提到，在基础设施建设方面首先要加强交通基础设施建设，要形成公路、铁路和航空一体的紧密相连的交通网络。这一交通网络将以努尔苏丹为中心，同时，还要加强国家东西部地区物流枢纽的建设，要求国内所有区域要与首都以高速公路及铁路、航空线路紧密相连。首先要完成"西欧—中国西部"公路交通运输走廊建设，还将修建努尔苏丹—阿拉木图、努尔苏丹—塞梅伊、努尔苏丹—阿克托别—阿特劳、阿拉木图—奥斯卡曼、卡拉干达—热兹卡兹甘—克孜勒奥尔达、阿特劳—阿斯特拉罕公路。此外，还需要继续建设西部的里海港口设施。

1. 公路

　　截至 2014 年年底，哈萨克斯坦公路总里程为 97 416 千米，一级公1 069 千米，二级公路 4 016 千米，其余为三级以下公路。在全国公路中，水泥混凝土路面公路 178 千米，沥青混凝土路面 10 398 千米，其余为砂石路和土路。公路货物周转量占全国货物周转总量的 20% 左右。哈萨克斯坦拥有的公路网在独联体国家中仅次于俄罗斯，居第二位。

哈萨克斯坦境内有6条国际公路，总长为8 288千米，这6条国际公路发挥着欧亚大陆之间过境连接作用。它们分别是：塔什干—希姆肯特—塔拉兹—比什凯克—阿拉木图—霍尔果斯，长1 150千米，与中国公路连接，也与乌兹别克斯坦和吉尔吉斯斯坦公路相通；希姆肯特—克孜勒奥尔达—阿克托别—乌拉尔—萨马拉，长2 029千米，与俄罗斯公路相通；阿拉木图—卡拉干达—努尔苏丹—彼得罗巴甫洛夫斯克，长1 724千米，与俄罗斯相通；阿斯特拉罕—阿特劳—阿克套—土库曼斯坦（边界），长1 402千米，与俄罗斯和土库曼斯坦公路相通；鄂木斯克（俄罗斯）—巴甫洛达尔—塞米巴拉金斯克—迈卡普沙盖，长1 094千米，与俄罗斯相通；努尔苏丹—科斯塔奈—车里雅宾斯克，长891千米，与俄罗斯公路相通。

哈萨克斯坦公路多与俄罗斯公路和中亚国家公路相通，这是历史原因造成的。这种状况有利于中亚国家之间，也有利于中国与俄罗斯和中亚国家之间道路的互联互通。

总的来看，哈萨克斯坦大多数公路路况较差。哈萨克斯坦已经意识到公路在促进国内各地区，特别是中小城市、偏僻地区和农村经济发展和改善民众生活方面所起的重要作用。因此，在2014年制订的"光明之路"新经济计划中将建设高等级公路置于非常重要位置。根据首任总统纳扎尔巴耶夫的要求，哈萨克斯坦公路项目规划将以努尔苏丹为起点，放射性延伸，实现首都与偏远区域中心的连接，并优先实施国际和边境公路项目。在"光明之路"计划框架下，2019年前哈萨克斯坦将建成15条新公路，总长超过4 600千米，包括中南部走廊：努尔苏丹—卡拉干达—巴尔喀什—阿拉木图；中东部走廊：努尔苏丹—巴甫洛达尔—卡尔巴套—乌斯季卡缅诺戈尔斯克；中西部走廊：努尔苏丹—阿尔卡里克—沙尔干—坎地拉什；中北部走廊：努尔苏丹—彼特罗巴甫洛夫斯克—俄罗斯边境城市。

2. 铁路

铁路同样是哈萨克斯坦重要运输手段，目前承载70%的货运量和60%的客运量。哈萨克斯坦有铁路干线里程14 500千米，其中5 000千米为复线，4 000千米为电气化铁路。哈萨克斯坦铁路现共有751个单独站，其中351个车站可以提供货运服务，21个车站已实现自动化管理系统，有 38 个分组装置，1 834 辆机车（615 辆电力机车，723 辆干线内燃机车，496 辆调车内燃机车）。目前只有 1 233 辆机车处于运营状态，占总量的 67%。货运车厢 76 934 节，其中封闭式车厢 13 246节、平板车 10 236 节、半封闭式货车 28 327 节、罐车 10 392 节、其他车辆 14 733 节。客运车厢 2 145 节，其中处于运营状态的 1 504 节。2009 年铁路货物周转量为 2.68 亿吨，其中 35% 为出口，53% 为跨州运输，6% 为进口，6% 为过境运输；旅客周转量 1 106.3 亿人千米。哈萨克斯坦铁路发展规划计划在 2020 年以前对 1.45 万千米的铁路进行现代化改造，258 处铁路设施进行改造更新。新购机车 1512 辆、货车车皮53 512 辆、客车车厢 1 982 辆。技术设备的更新和改造将为铁路的全面提速创造前提条件，按照规划，届时货运车辆提速幅度将达 22%、客运 82%；新增客车产能 30%、机车 15%。

　　哈萨克斯坦有 5 条国际铁路干线。它们是：亚洲大陆桥（中国—哈萨克斯坦—土库曼斯坦—土耳其）、亚欧第二大陆桥（中国—哈萨克斯坦—俄罗斯—荷兰）、中亚铁路、西部铁路和刚建成不久的哈萨克斯坦–土库曼斯坦铁路。中亚铁路和西部铁路都与俄罗斯铁路相连。西部铁路可以用于水陆联运，通往里海海滨的阿克套海港，能满足哈萨克斯坦最大石油加工基地的运输需求。目前，铁路由哈萨克斯坦国家铁路有限公司管理，哈萨克斯坦铁路和俄罗斯铁路一样属于宽轨，中哈两国列车不能直接驶往对方，需要在边境口岸换装，费时费力，很不方便。哈萨克斯坦 69% 的铁路设备老化，面临更新和技术改造问题。由于设备老旧、资金投入不足，客、货运又被公路运输、管道运输和内河航运分流，铁路运营面临财务和经营风险。

　　在《哈萨克斯坦 2030 发展战略》发展规划中，强调为了使国家经济更上一个台阶，要加强基础设施建设，特别是交通运输与通信业建设。考虑到哈萨克斯坦地域广阔，经济资源位移空间很大，因此主要货运量将通过铁路运输来实现。为实现铁路运输面临的战略任务，采取的具体措施是：实现与国际运输和贸易有关的主要铁路现代化，包括亚洲运输干线，坚决打破所有交通运输垄断、清理非专业运输企业。改革使铁路运输部门保留并加强国内各地区间客、货主要承运人的特殊社会经济作用，以及新市场条件下的欧亚过境桥梁作用，对发展和繁荣哈萨克斯坦将会做出积极的贡献。

3. 航空

哈萨克斯坦有51个机场，国内与国际航线共38条，阿拉木图和努尔苏丹为两大铁路及航空运输枢纽。阿斯塔纳航空公司拥有通往法兰克福、伦敦、阿姆斯特丹、莫斯科、首尔、北京、迪拜、伊斯坦布尔等地的航线。各地机场设施同样面临老化问题。独立后国家曾扩建了努尔苏丹等地机场，但仍不能满足需要。

截至2019年，哈与全球26个国家开通了99条国际航线，每周执飞国际航班430个。近三年来，新开通到东京、华沙、布达佩斯、赫尔辛基等地的国际航线19条，并计划于2020—2021年开通到上海、新加坡和纽约的国际航线。卡塔尔航空公司、阿联酋航空公司、中国东方航空公司、俄罗斯乌拉尔航空公司，以及俄罗斯胜利航空公司均计划在不久的将来进入哈萨克斯坦航空市场。哈萨克斯坦政府计划在努尔苏丹、阿拉木图、奇姆肯特、乌斯季卡缅诺戈尔斯克、巴甫洛达尔、科克舍套、塔拉兹、彼得巴甫洛夫斯克和塞米伊等地机场实施"开放天空"计划，为外国航空公司提供更多的飞行许可。

4. 港口

哈萨克斯坦的里海（内陆湖）运输主要依靠三个港口：阿克套国际贸易港、包季诺港和库雷克港，均位于北里海东岸。

阿克套港，位于哈萨克斯坦西部、里海东岸、曼吉斯套州州政府阿克套市，是目前哈萨克斯坦唯一的国际海港，也是里海最现代化的港口和最主要的过境中转点，保持着哈萨克斯坦与里海、黑海和地中海部分国家的联系，港口面积81.7公顷。具有可同时作业的4个干货码头、4个石油灌装码头和配套的摆渡设备，从事各种干货和石油的国际运输。阿克套和巴库等港口从2004年起开通了滚装船线路和轮渡线路。根据发展规划，阿克套港将在5年内完成港口扩建工程，包括在港口北部建成防波堤和疏浚工程；将干货码头年吞吐量提高到200万吨/年；发展港口多元化物流，并与霍尔果斯"国际边境合作中心"关联起来。

包季诺港，位于阿克套港以北90千米，是哈萨克斯坦属里海北部海域唯一的不冻港，基础设施比较完善，是支持北里海石油项目的基地。港口主要是为海上石油作业运输各种物资和设备提供服务。港口现建有2个海上石油作业支持基地和1个码头，可同时停靠长250米的船舶4～6艘。另有码头配套设施、海船加油站、工业废料处理场、采石场（生产建造人工岛的石料）。"哈萨克海洋运输船队"公司在该港建有修船厂（修理小型船只）。

库雷克港，位于阿克套港南60千米，港口水深23米，是哈萨克斯坦最有发展潜力的港口。港口的主要功能是为哈萨克斯坦辖属里海南部区域的石油作业提供支持，可转运大吨位货物和石油。据2009年制订的《库雷克港发展总体规划》显示，港口新建和完善了一批基础设施，如"叶斯克涅—库雷克"输油管线、"叶拉利耶沃—库雷克"铁路、大修"阿克套—库雷克"公路、海上石油作业的岸上支持基地、修船厂、液化天然气仓库、哈萨克海洋运输船队公司基地、紧急反应基地、直升机机场、工业供给基地、石油的灌装仓库（年周转量2 000万吨，带海上停泊伸出式加油装置）、海军基地、金属结构制造厂、去盐装置、混凝土管生产厂、钢结构制造厂、库雷克压缩站、海底油气管道加工设备、造船厂（可造6万吨级油船）、蒸发池、海底疏浚船队服务基地等。

5.管道

目前哈萨克斯坦国内有5条独立的输油管道，承担输送哈萨克斯坦和俄罗斯石油的任务。

第一条管道是西哈萨克斯坦输油管道。该管道主要是输送田吉兹油田、库姆科尔油田、热特拜油田和卡拉让巴斯油田生产的原油，由产地输往哈萨克斯坦的炼油厂，如阿特劳石油炼制厂，以及俄罗斯萨马拉石油混装基地，再由此地分配给俄罗斯的用户或者向国外出口。通过这条管道输送石油的工艺比较复杂，这主要是由于乌津油田和热特拜油田的原油含硫较高，需加温才能输送。

第二条管道是保证将阿克托别油田的原油输往俄罗斯加工的管道。该管道长362千米，其中325千米通过哈萨克斯坦的领土。该管道由两根口径分别为377毫米和529毫米的油管组成。377毫米的油管主要输送肯基亚克油田的原油，这里的原油需加温才能输送。529毫米的油管是输送扎纳恕尔油田的原油。近年来由于肯基亚克油田产量下降，该油管有时也输送的两个油田的混合油，在这种情况下就无须加温。

以上两条输油管道都是从南向北输油，即由哈萨克斯坦向俄罗斯输油。

第三条管道是东哈萨克斯坦和中亚输油管道。这条管道不同于以上两条，而是由北向南输油，即从俄罗斯鄂木斯克市向哈萨克斯坦的巴甫洛达尔石油炼制厂和希姆肯特石油炼制厂，以及向吉尔吉斯斯坦和乌兹别克斯坦石油炼制厂输油，同时该油管也可将库姆科尔油田产的原油输往希姆肯特石油炼制厂。库姆科尔油田产的原油属于高黏质原油，需要先将俄罗斯产的轻质原油按3∶7的比例与其混合，然后再使用该油管输送。

第四条输油管道是里海输油管道。该管道于2000年建成，是与外资合作修建的。它由哈萨克斯坦的田吉兹油田通往俄罗斯黑海港口新罗西斯克港。

第五条管道是中哈输油管道。该管道西起哈萨克斯坦的阿特劳，途经肯基亚克、阿塔苏至中哈边境阿拉山口，在中国境内与阿拉山口——独山子管道（阿独线）相连，管道全长3 007千米，其中哈境内2 755千米，中国境内252千米，设计管道输送能力为每年2 000万吨，分三段建设。

除输油管道外，哈萨克斯坦还有通往俄罗斯奥伦堡的输气管道和通往中国的输气管道。其中，中哈天然气管道一期为中国—中亚天然气管道的哈萨克斯坦境内部分，全长约1 300千米，2007年动工修建，2010年完成，运输能力为每年300亿立方米。中哈天然气管道二期始于哈萨克斯坦曼吉斯套州的别伊涅乌，在南哈萨克斯坦州的希姆肯特与中国—中亚天然气管道（即中哈天然气管道一期）相连，全长1 475千米，设计年输气能力为100亿立方米，可扩至年150亿立方米。该管道将与哈萨克斯坦干线输气网及西部主要油气区连通，有效提升中哈两国油气合作的水平。

第五节　　对外贸易

哈萨克斯坦自独立以来，奉行"全方位务实平衡外交"，既注重与大国、周边国的外交，也注重多边外交和能源外交，既要平衡俄罗斯、美国、中国、欧盟和中亚国家的外经贸合作，也要重新调整哈萨克斯坦对外贸易体制与政策，力争使哈萨克斯坦经济尽快融入世界市场体系，在世界经济中谋求自己应有的地位。

1. 对外贸易发展基本概述

对外贸易政策直接影响一国对外贸易规模、结构和差额，间接影响国内经济增长、外商直接投资和对外直接投资。独立后的哈萨克斯坦开始实行以市场化为目标的外贸管理体制改革，逐渐取消对外贸易的垄断，不断降低关税，削减贸易壁垒，全面开放对外贸易经济活动。主要通过配额、许可证及关税等手段对对外贸易活动进行调整，逐步由保护贸易政策转向自由贸易政策。在1999年经济开始止跌回升之后，日益开放的贸易政策，以及吸引外资和发展经济特区等一系列开放政策措施的推行开始显现出效应，不仅保持了对外贸易的快速增长和长期顺差地位，也有力地促进了外商直接投资的发展，带动了经济的长期快速发展。俄白哈关税同盟成立后至2015年欧亚经济联盟时期，受同盟统一对外关税政策的影响，哈萨克斯坦对外关税水平从之前的6.4%提高到10.6%，扩大了其同盟内的贸易规模。2015年底哈萨克斯坦加入世贸组织后，关税水平开始下降，开放度再次提高，但市场进一步开放的政策效应被国际油价持续低位、本币贬值、汇率波动等诸多不利因素所抵消。

2. 主要发展阶段

哈萨克斯坦对外贸易发展总体可划分为三个阶段：第一阶段为1992—2001年，十年间哈萨克斯坦经济从持续下滑过渡到恢复性缓慢增长，对外贸易规模从75亿美元增加到150亿美元；第二阶段为2002—2013年，哈萨克斯坦对外贸易进入快速增长期，其间除了2009年受金融危机影响大幅下滑外，其他年份均保持了持续快速增长，2013年贸易总额达到1 335.06亿美元的历史最高水平，是1992年对外贸易总额的8倍多；第三阶段为2014—2016年，2014年开始，在国际油价大幅下滑且持续低位、本币坚戈贬值、汇率波动等诸多不利因素的影响下，哈萨克斯坦对外贸易额持续下降，2016年下降到近10年的最低水平。

2017年哈萨克斯坦对外贸易总额为776.47亿美元，比上年增长25%；其中出口483.42亿美元，同比增长31%；进口293.05亿美元，同比增长15.5%。对外贸易指标在连续四年下跌后首次实现正增长。

当年哈萨克斯坦对外贸易顺差达190.37亿美元，同比增长64%。2018年，哈萨克斯坦外贸额为934.897亿美元，较上年增长19.7%。其中，出口609.562亿美元，较上年增长25.7%；进口325.335亿美元，较上年增长9.9%。

哈萨克斯坦对外贸易差额变动大致分为四个阶段：第一阶段从独立到1994年，经济恢复中的哈萨克斯坦对外贸易持续三年逆差；第二阶段是1995—2002年，出口导向政策效应逐步显现。1995年哈萨克斯坦扭转对外贸易逆差局面，首次实现对外贸易顺差14.43亿美元，此后一直保持顺差，但此阶段对外其贸易规模较小，且有波动；第三阶段是2003—2011年，对外贸易顺差快速增长。由于日益完善的出口导向政策和持续走高的国际能源价格，2005年开始哈萨克斯坦燃料和矿产品出口额大幅攀升，极大地增加了其对外贸易顺差额，其间，除2009年由于受金融危机影响对外贸易顺差额下降外，其他年份都保持了快速增长，尤其是2011年对外货物贸易顺差达到历史最高值474亿美元；第四阶段是2012—2016年，此间，为加入世贸组织，哈萨克斯坦进出口关税进一步降低，但在世界经济低迷、国际能源价格暴跌和汇率剧烈波动的多重挤压下，哈萨克斯坦燃料和矿产品出口额骤减，导致哈萨克斯坦对外贸易总规模持续下滑，顺差规模也相应大幅度减少，2016年减少到十年间的最低水平，几乎与十年前的2005年持平，但仍然保持较大的顺差。

根据联合国商品贸易统计数据，哈萨克斯坦成为独联体国家中除俄罗斯以外对外贸易规模增速最快的国家。在世界出口总额中所占比重从1992年的不到0.05%上升到2016年的0.19%，在世界贸易的位次上也升到第六十二位。剔除全球性经济危机、石油价格暴跌以及哈萨克斯坦本币坚戈严重贬值等影响因素，哈萨克斯坦对外贸易规模变化所呈现的阶段性受其对外贸易政策演变的影响显著。

3. 贸易发展的特点

长期以来哈萨克斯坦对外贸易商品结构单一，以低附加值的初级产品为主。20世纪90年代以来，工业制成品尤其是高技术含量的工业制成品在国际贸易中的比例逐年上升，初级产品的比例快速下降。然而，哈萨克斯坦对外贸易商品一直以初级产品为主，尤其以能源、矿产品和燃料为主。2000—2010年，初级产品对外贸易份额不但没有下降，反而有所上升，由56.5%上升到67.5%。2016年哈萨克斯坦对外贸易中初级产品占比减小到54.8%，主要是由2015年以来国际能源价格下降和坚戈对美元汇率减小，导致矿产品和燃料出口额下降而引起的，并无其他产业对外贸易额显著增加。

近年来，哈萨克斯坦贸易政策具有出口多元化导向，鼓励出口市场多元化和出口商品多元化。这一政策导向促进了哈萨克斯坦对外贸易市场的多元化发展。目前，哈萨克斯坦已与180多个国家和地区建立了贸易关系，呈现出市场多元化的特征。根据哈萨克斯坦统计委员会2016年统计数据，排在哈萨克斯坦进口前三位的是欧盟、亚洲和欧亚经济联盟，占比分别为39.0%、23.4%和21.9%。同独联体国家贸易额达到174.83亿美元，占比为28.2%；同独联体以外国家的贸易额为444.67亿美元，占比为71.8%。从国别来看，俄罗斯占比为20.3%，位列第一；意大利位列第二，占比为13.4%；中国位列第三，占比为12.7%。出口方面，欧盟、亚洲和欧亚经济联盟是其主要贸易伙伴，占比分别为50.3%、22.4%和10.7%。排在前三的贸易伙伴国分别是意大利、中国和俄罗斯，占比分别为20.3%、11.5%和5%。可以看出，近年来哈萨克斯坦对外贸易市场呈多元化发展，但独联体国家尤其是俄罗斯仍是哈萨克斯坦的主要贸易伙伴。对外贸易市场多元化不但扩大了哈萨克斯坦出口商品的市场份额，也增强了哈萨克斯坦抵御国际市场风险的能力。

4. 主要贸易伙伴

在与独联体国家的贸易关系中，俄罗斯与哈萨克斯坦的贸易关系稳居首位，两国的贸易额不断增长，边境贸易是俄罗斯和哈萨克斯坦贸易合作的主要形式，两国在能源领域的合作前景广阔，在石油天然气、核能和电力能源领域的合作规模日益扩大，与此同时，哈萨克斯坦是欧盟在中亚地区最大的贸易伙伴，近几年，两国的进出口贸易额大幅度增长，欧盟对哈能源和矿产资源的依赖性较高。

5. 与俄罗斯的经贸关系

由于历史和地缘政治因素的影响，俄罗斯和哈萨克斯坦建立了战略伙伴关系，俄罗斯是哈萨克斯坦对外战略中的优先发展方向之一，哈萨克斯坦通过俄罗斯的运输线路把能源出口到世界市场，哈萨克斯坦拥有强大的资源潜力，尤其是矿产资源。俄哈双方签署了一系列经济领域的条约和协议，为经济合作奠定了坚实的条约法律基础，促进了两国间的经济合作。其中，具有战略意义的协议是1992年5月25日签署的《俄罗斯联邦和哈萨克斯坦共和国友好合作互助条约》，以及1998年7月6日签署的《俄罗斯联邦和哈萨克斯坦共和国永久友好和面向21世纪同盟关系的宣言》。2013年1月1日，哈萨克斯坦同俄罗斯和白俄罗斯共同签订了《统一经济空间统一宏观经济政策协定》，以加强成员国间的信息交换，对经济发展实施监测与分析。2014年5月，俄、白、哈三国首脑还签署协议，提前成立了欧亚经济联盟。2015年1月1日欧亚经济联盟正式启动。俄罗斯和哈萨克斯坦签署的一系列协议和条约，为双边经济合作经贸进一步发展奠定了基础。俄罗斯、哈萨克斯坦和白俄罗斯之间建立了关税同盟，实行统一的关税，建立了对外贸易和海关管理的统一体系。

2014年哈萨克斯坦对外贸易额为210.28亿美元，同比下降10.5%，其中对俄罗斯的出口额为71.63亿美元，同比增长23.3%，自俄罗斯进口额为138.65亿美元，同比下降21.6%，2014年贸易逆差额降低，为67亿美元，仅次于2009年的53亿美元。近几年，哈萨克斯坦自俄罗斯的进口额所占比例远远高于对俄罗斯出口额所占比例，俄哈两国对外贸易额有稳步平缓上升的趋势。俄罗斯供应给哈萨克斯坦的商品主要是矿产资源、汽车和设备、仪器和装置、金属制品。哈萨克斯坦出口到俄罗斯的商品中，矿产资源、金属及其制品占据主要位置。

2018年，哈萨克斯坦与欧亚经济联盟其他成员国间的双边贸易额为191.144亿美元，较上年增长7.5%。其中，出口58.919亿美元，较上年增长7.5%；进口132.225亿美元，较上年增长5.6%。其中，哈萨克斯坦对俄罗斯出口51.621亿美元，增长11.3%；自俄罗斯进口123.921亿美元，增长5.6%。对白俄罗斯出口8 750万美元，减少13.5%；自白俄罗斯进口5.932亿美元，增长11.6%。对亚美尼亚出口740万美元，增长33.8%；自亚美尼亚进口680万美元，增长34.1%。对吉尔吉斯斯坦出口6.349亿美元，增长22.9%；自吉尔吉斯斯坦进口2.304亿美元，减少7.3%。

6. 与欧盟的经贸关系

哈萨克斯坦与欧盟自1993年建立外交关系后，哈本身的不懈努力和欧盟的积极回应，使双方的经贸关系不断深入发展。1992年，首任总统纳扎尔巴耶夫在对德国和法国进行访问时表示："哈萨克斯坦的领土一部分是位于欧洲的，因此哈萨克斯坦是欧洲的一部分。"由于地缘关系作为欧亚经济联盟成员国的哈萨克斯坦可以成为连接欧亚的桥梁。欧盟以哈萨克斯坦为窗口，将欧洲商品输入欧亚经济联盟的庞大市场中。2007年，欧盟出台了《欧盟与中亚——新伙伴战略》，2008年在哈欧建交15年之际，哈萨克斯坦出台了《2009—2011年通往欧洲之路国家计划》。

近几年，哈萨克斯坦与欧盟进出口额大幅度增长，进出口额从2008年的391.04亿美元上升为2014年的533.69亿美元，2008—2014年平均年增长率为5.3%，其中对欧盟出口额从2008年的305.54亿美元上升至2014年的446.78亿美元，2008—2014出口额年平均增长率为6.5%。自欧盟进口额从2008年的85.50亿美元上升为86.91亿美元，2008—2014年进口额年平均增长率为0.3%。由于哈萨克斯坦对欧盟的出口额远大于自欧盟进口额，因此2008—2014年贸易顺差逐年增大。哈萨克斯坦对欧盟出口额与自欧盟进口额比例严重失调，出口所占比例远远高于进口所占比例，对欧盟出口比例最高达到86.1%，而自欧盟进口比例最高达到27.0%。

近几年，哈萨克斯坦与欧盟的对外贸易额速增长。2015年双方贸易额为312亿美元，占哈萨克斯坦外贸的51.4%。欧盟对哈萨克斯坦投资额占哈萨克斯坦吸引外资额的49%。哈萨克斯坦在欧盟最大的30个贸易伙伴中排名第二十六位。2015年12月双方签署的哈萨克斯坦与欧盟扩大伙伴关系与合作协议将促进双方外贸额进一步增长并深化相互合作。2018年1—9月，哈萨克斯坦与欧盟贸易额达286亿美元，同比增长30%，占哈萨克斯坦外贸总额的41.9%。其中，哈萨克斯坦对欧盟出口236亿美元，自欧盟进口50亿美元。哈萨克斯坦商品出口国为意大利（88亿美元）、荷兰（48亿美元）、法国（27亿美元）、西班牙（15亿美元）和罗马尼亚（11亿美元）。2019年1—6月，哈萨克斯坦对欧盟出口额为125亿美元，自欧盟进口额为30亿美元。哈萨克斯坦对欧盟主要出口目的国依次为意大利（42亿美元）、荷兰（20亿美元）、法国（20亿美元）和西班牙（11亿美元）。进口方面，意大利（7.7亿美元）是欧盟国家中哈萨克斯坦最大的进口来源国，其次是德国（6.2亿美元）、法国（2.7亿美元）、英国（2.2亿美元）和波兰（1.7亿美元）。

第九章 "一带一路"背景下中国与哈萨克斯坦的合作

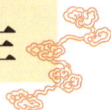

哈萨克斯坦与中国的外交关系

中国与哈萨克斯坦是传统友好邻邦，两国高层互访频繁，合作的基础条件良好。关于中哈两国的关系，中国国家主席习近平2013年9月访问哈萨克斯坦期间，在与哈萨克斯坦首任总统纳扎尔巴那夫会谈时说："中哈全面战略伙伴关系是睦邻友好、互利合作的典范。中方乐见一个稳定、强大、繁荣的哈萨克斯坦，坚定支持哈萨克斯坦走符合本国国情的发展道路，支持哈方维护国家主权独立、促进经济社会发展，支持哈方在国际和地区事务中发挥建设性作用。发展对哈友好合作是中国外交优先方向。中方愿同哈方携手努力，推动中哈关系向更高目标迈进，取得丰硕成果，更好地服务于两国发展振兴事业，并为本地区和平与繁荣做出更大贡献。"哈萨克斯坦首任总统纳扎尔巴耶夫曾表示："哈中高度信任、相互支持、真诚合作。哈中关系是睦邻友好的例证。哈萨克斯坦人民视中国的发展繁荣为自身的发展繁荣，衷心祝愿中华民族伟大复兴的奋斗目标成功实现。不管形势如何变化，哈萨克斯坦永远是中国的好邻居、好朋友、好伙伴，愿同中国携手并进。"哈萨克斯坦现任总统托卡耶夫也表示："哈中关系源远流长，建交27年来，两国领导人引领构建的哈中关系已成为国家关系的典范。同时强调，作为邻国，哈中两国之间不存在任何阻碍双边关系及合作进一步深化的悬而未决的问题和分歧，在新的历史时期，两国应继续坚定致力于推动全面战略伙伴关系。"中哈两国领导人的讲话已经明确地展示了两国友好关系的现状。

一、友好关系迅速发展的原因

中哈两国友好关系迅速发展是由多种因素决定的。第一，两国为邻国、有1 700多千米的边界。第二，两国经济存在很强互补性，通过互通有无，互利合作，可以取得互利共赢、共同发展的结果。第三，两国语言、文化、风俗习惯相同或相近有利于发展彼此的关系。第四，中哈两国领导和人民有发展彼此关系的强烈要求和愿望，并制定了相关的政策。实践证明，这些政策务实、高效，增强了双方深化友好合作的信心。

哈萨克斯坦独立以来对华政策一贯友好、透明，主要表现为以下几点：第一，在和平共处五项原则的基础上，特别是以平等互利、合作共赢、共同发展为基本宗旨，积极发展与中国的睦邻友好关系，在其对外关系中把中国列为仅次于俄罗斯的第二优先地位，与中国结成"全面战略伙伴"关系。第二，积极发展经贸合作，尤其重视在能源、交通运输和非资源领域的合作，支持中国提出的"一带一路"倡议，希望通过与中国的经济合作实现本国确定的2050年前发展战略。第三，明确支持中国维护国家统一和反对民族分裂活动的立场。第四，谋求中国对其安全和进入国际社会的支持和保证。

两国关系的发展还有政策支撑，2002年12月23日签订了《中华人民共和国和哈萨克斯坦共和国睦邻友好合作条约》，2011年6月13日签订了《中华人民共和国和哈萨克斯坦共和国关于发展全面战略伙伴关系的联合声明》，2013年9月7日签订了《中华人民共和国和哈萨克斯坦共和国关于进一步深化全面战略伙伴关系的联合宣言》，2015年8月31日签订了《中华人民共和国和哈萨克斯坦共和国关于全面战略伙伴关系新阶段的联合宣言》，2017年6月8日签订了《中华人民共和国和哈萨克斯坦共和国联合声明》以及其他双边条约和协议。2018年6月7—8日，应中华人民共和国主席习近平邀请，哈萨克斯坦共和国时任总统纳扎尔巴耶夫对中华人民共和国进行国事访问，为继续加强政治互信和互利合作，加深两国人民相互了解和友谊，促进地区和世界和平与可持续发展，双方再次签订了《中华人民共和国和哈萨克斯坦共和国联合声明》。2019年9月10日到12日，应中华人民共和国主席习近平邀请，哈萨克斯坦现任总统托卡耶夫对中国进行国事访问，两国领导人共同发表了《联合声明》，双方认为，当前，中哈全面战略伙伴关系保持高水平运行，成为邻国间关系的典范。双方都将对方稳定、发展视为自身发展的良好机遇，加强相互支持、深化全面合作是双方的共同愿望。新形势下，双方一致决定，本着同舟共济、合作共赢的精神，发展中哈永久全面战略伙伴关系。

二、政治关系

苏联解体后，1991年12月27日中国承认哈萨克斯坦的独立，1992年1月3日中哈两国建立大使级外交关系。此后中哈两国高层互访不断。

1. 中国领导人访问哈萨克斯坦

1996年7月4—6日，中国国家主席江泽民应邀正式访问哈萨克斯坦，与首任总统纳扎尔巴耶夫会谈并签署了《中华人民共和国和哈萨克斯坦共和国联合声明》。1998年7月3—4日江泽民在阿拉木图中、俄、哈、吉、塔五国峰会后对哈萨克斯坦进行工作访问。两国元首就两国发展面向21世纪的双边关系和共同关心的国际问题交换了意见，取得广泛共识。其间，中哈两国签署了《中国和哈萨克斯坦两国边界第二补充协定》，使中哈国界问题得到彻底解决。

习近平担任国家主席以来，特别重视发展与哈萨克斯坦的关系，已经先后3次访问哈萨克斯坦，与哈萨克斯坦首任总统纳扎尔巴耶夫共同规划中哈关系美好蓝图，推动中哈合作向更高水平迈进。2013年9月，习近平首次对哈萨克斯坦进行国事访问，两国元首签署了《中华人民共和国和哈萨克斯坦共和国关于进一步深化全面战略伙伴关系的联合宣言》，习近平正是在这次访问期间提出了共建"丝绸之路经济带"的倡议。此后，两国元首互访频率提高。2015年5月7日，习近平第二次访问哈萨克斯坦；2017年6月7—10日，在习近平第三次访问哈萨克斯坦期间，中哈两国元首共同签署《中华人民共和国和哈萨克斯坦共和国联合声明》，进一步规划了两国关系发展的蓝图，提出了拓展合作领域的22项措施。习近平对哈萨克斯坦的访问，推动了中哈在"一带一路"框架下的合作，双方将进一步加强在实现新亚欧大陆桥、中国—中亚—西亚经济走廊建设同哈萨克斯坦打造国际物流大通道建设、国际产能合作同哈萨克斯坦加快工业化进程、中国陆海联运优势同哈萨克斯坦东向海运、"数字丝绸之路"倡议同"数字哈萨克斯坦"等战略的对接。

2. 哈萨克斯坦领导人访华

1993 年 10 月 18—21 日，哈萨克斯坦总统纳扎尔巴耶夫访华，与江泽民、杨尚昆、李鹏等中国领导人会见和会谈，并签署了《关于哈萨克斯坦共和国和中华人民共和国友好关系基础的联合声明》以及其他文件。1995 年 9 月 11—13 日，首任总统纳扎尔巴耶夫再次访华，与中国领导人在深入交换意见并在达成广泛共识的基础上签署了《哈中两国关于进一步发展和加深两国友好关系的声明》及其他 4 个文件。1997 年 2 月 12—22 日，首任总统纳扎尔巴耶夫全家应邀赴中国休假，其间与中国国家主席江泽民就发展双边关系特别是经贸合作等问题交换了意见。1999 年 11 月 23—27 日纳扎尔巴耶夫访华，江泽民主席、胡锦涛副主席和李岚清副总理与他会见和会谈。

进入 21 世纪，哈萨克斯坦首任总统纳扎尔巴耶夫曾多次正式或借来中国参加上合组织峰会和亚信会议的机会访问中国，与中国领导人进行会谈。2014 年 5 月，首任总统纳扎尔巴耶夫对中国进行国事访问，两国元首共同签署《中华人民共和国和哈萨克斯坦共和国联合宣言》，并见证了能源、投融资等领域合作文件的签署。2015 年 5 月，首任总统纳扎尔巴耶夫来上海参加亚信第四次峰会，其间中国国家主席习近平与他举行了会谈。2015 年 8 月 31 日，纳扎尔巴耶夫应习近平之邀来华进行国事访问，并出席了 9 月 3 日举行的中国人民抗日战争暨世界反法西斯战争胜利 70 周年纪念活动。2016 年 9 月 1 —5 日，纳扎尔巴耶夫对中国进行工作访问，并以嘉宾国元首身份出席在杭州举行的G20 第十一次峰会。2017 年 5 月，纳扎尔巴耶夫来华出席"一带一路"国际合作高峰论坛，在 15 日举行的"一带一路"国际合作高峰论坛领导人圆桌会议上，他表示，"一带一路"倡议是对 21 世纪全球面临的政治、经济和人道主义危机所提出的及时的解决方案，它的成功落实将为世界人民带来实实在在的利益。2018 年，首任总统纳扎尔巴耶夫再次访华，在北京与习近平主席共同签署了《中华人民共和国和哈萨克斯坦共和国联合声明》。2019 年 9 月，哈萨克斯坦总统托卡耶夫到访北京，与习近平主席共同发表联合声明，指出，中哈都处在国家发展、民族复兴和深化两国关系的关键阶段，均把发展双边关系置于各自外交政策的优先方向，坚定支持对方重大政治议程。

3. 两国关于安全问题等的重要协定

中国与哈、俄、吉、塔于1996年4月26日在中国上海签署了《在边境地区加强军事领域信任的协定》，1997年4月在莫斯科签署了《关于在边境地区相互裁减军事力量的协定》，1998年7月3日又签署了《中哈吉俄塔联合声明》，使中哈睦邻友好关系进一步得到保证。同年7月4日中哈两国彻底解决了边界问题。1999年8月25日中、哈、俄、吉、塔国家元首在比什凯克签署五国元首声明。1999年11月23日中哈签署了《关于在21世纪继续加强全面合作的联合声明》和《关于两国边界问题获得全面解决的联合公报》。2003年1月中哈签订《中哈睦邻友好合作条约》。中哈两国于2005年7月建立战略伙伴关系，2011年6月升格为全面战略伙伴关系。2011年6月14日中哈签署《中哈关于发展全面战略伙伴关系的联合声明》等。1995年2月8日中国政府发表声明，保证不对哈使用或威胁使用核武器，这一立场受到了哈萨克斯坦的欢迎和高度评价。

4. 中国支持亚信会议

中国政府在国际事务中尤其是在维护世界和亚洲和平问题上，与哈萨克斯坦持相同或相近的立场。在哈萨克斯坦倡议召开的"亚洲相互协作与信任措施会议"（简称"亚信"）问题上给哈以支持。中国派员出席了历次亚信筹备会议。2002年6月4日，中国国家主席江泽民出席在阿拉木图召开的第一届亚信峰会，并签署了有关文件。亚信第二届峰会于2006年6月17日在阿拉木图举行，中国国家主席胡锦涛出席并签署了《亚信会议成员国领导人第二次会议宣言》。2010年6月8日亚信第三届峰会在土耳其伊斯坦布尔举行，中国国务委员戴秉国出席并签署了《亚信论坛秘书处及其工作人员、成员代表特权与豁免公约》。亚信第四届峰会于2014年5月20—21日在中国上海举行，中国国家主席习近平出席并发表了主旨演讲，签署了《上海宣言》，中国接替土耳其担任亚信2014—2016年主席国。中国是亚信的坚定支持者，对哈萨克斯坦对亚信的贡献给予高度评价。

三、"一带一路"框架下的中哈合作

"一带一路"是中国提出的重要发展倡议，这一思路正是中国国家主席习近平于2013年出访哈萨克斯坦时所提出的。2013年9月7日，习近平主席首次访问哈萨克斯坦，正是在纳扎尔巴耶夫大学发表演讲时，他提出了建设"丝绸之路经济带"倡议，"一带一路"由此开始。对此，哈萨克斯坦积极响应。2014年11月，首任总统纳扎尔巴耶夫提出"光明之路"新经济政策，并将其与中国的"一带一路"倡议对接。中哈加强"政策沟通、设施联通、贸易畅通、资金融通、民心相通"，增进了两国在各领域的合作。在此基础上，2016年9月，中哈正式签署了《关于"丝绸之路经济带"建设与"光明之路"新经济政策对接合作规划》，确定两国合作的愿景为"提高两国基础设施互联互通水平，推动投资贸易发展，加强交通运输、工业、农业、能源、新兴产业、金融、知识产权等领域深度合作，充分发挥双方优势和潜力，不断拓展互利共赢的发展空间，促进共同繁荣，提升在国际市场上的联合竞争力。"文件具体规划了两国在"一带一路"框架下在交通基础设施、贸易、制造业、金融、农业、人文等领域的合作。为了加强经济合作，中哈两国签署了《关于加强产能与投资合作的框架协议》、《毗邻地区合作规划纲要（2015—2020年）》等文件，还签署了10多项政府部门间合作协议，涉及经贸、金融、基础设施建设、水利、质检、媒体等诸多领域。

近年来，中哈在各领域的互利合作如火如荼地展开，实现了优势互补，成为"一带一路"框架下互利共赢的合作典范。2019年4月，哈萨克斯坦首任总统纳扎尔巴耶夫在出席"一带一路"高峰论坛之际表示，哈中两国是近邻，拥有1700多千米的共同边界线，两国签署了睦邻友好合作条约，解决了所有边界问题，使两国的边界成为友谊与合作的边界。目前两国正在落实的双边合作投资项目达到55个，涵盖工业、建筑业、肉类与粮食加工等多领域，其中15个项目已经建成，另有11个项目将于今年投产。这些项目可望为哈萨克斯坦创造成千上万个就业岗位。目前，哈方与中方正共同推进各项产业合作，这对我们非常有利。独立27年多以来，我们与中国相伴而行，没有遇到任何问题。

2019 年 9 月，哈萨克斯坦总统托卡耶夫在中国社会科学院发表演讲时高度评价哈中关系，认为"一带一路"倡议前景十分广阔，他在演讲中表示，现代丝绸之路再次改变了全球经济结构，11 条穿过哈萨克斯坦横贯欧亚大陆的铁路和高速公路为中国对欧洲、欧亚经济联盟和近东地区的消费者提供更快捷的陆上运输方案。托卡耶夫表示，面对新时代新挑战，两国友谊将不可动摇；哈萨克斯坦和中国既是邻国也是战略合作伙伴，应共同进步、共同繁荣，两国将在多年积累的合作成果的基础上开启哈中两国之间更广阔的合作前景。

中哈还处于全面战略伙伴关系的"新阶段"。所谓"新阶段"，就是自习近平主席在哈萨克斯坦提出"丝绸之路经济带"倡议后，"一带一路"建设同"光明之路"新经济政策对接成为两国合作的常态。双方从各自国家发展战略和发展规划中，寻找共同感兴趣的合作领域与合作项目，从而实现互利共赢。中哈始终将合作置于地区总体协调发展的大框架中。比如，从扩大中国与欧洲的跨欧亚大陆合作角度，提升哈国的过境潜力；从发展独联体、中亚、西亚、南亚等整个欧亚大陆中部地区市场的角度，部署在哈的投资项目；从防范极端势力扩散的角度，与哈共建"防火墙"。尤其是印度和巴基斯坦成为上海合作组织正式成员后，哈萨克斯坦成为北连独联体、东接中国、南往印度洋的地缘"纽带"，与哈萨克斯坦的合作在中国对外关系中的地位更加凸显。通过与哈萨克斯坦深化合作，可进一步发展"丝绸之路经济带"与欧亚经济联盟的对接，推进中国—中亚—西亚经济走廊和第二欧亚大陆桥建设，摸索反恐和反极端主义合作新经验，巩固中国西部周边的安全和发展。

四、未来发展的主要方向

在 2018 年的《中华人民共和国和哈萨克斯坦共和国联合声明》中指出，中哈都处在国家发展和深化两国关系的关键阶段。哈方认为，习近平新时代中国特色社会主义思想为中国未来发展指明了方向，具有划时代的重大意义。中方高度评价哈萨克斯坦共和国独立 27 年来在首任总统纳扎尔巴耶夫英明领导下在国家发展建设和实施独立和平外交政策方面取得的重大成就。

同时，作为友好邻邦和全面战略伙伴，双方都将对方稳定、发展视为自身发展的良好机遇，加强相互支持、深化全面合作是双方共同愿望。新形势下，双方将继续把发展中哈关系置于各自外交政策的优先方向，巩固中哈传统友谊。

在双边关系中，政治互信是中哈全面战略伙伴关系的重要基础。双方将继续在涉及国家主权、安全和领土完整等核心利益问题上相互支持。不参加任何损害对方主权、安全和领土完整的联盟或集团，也不同第三国缔结此类条约。不允许第三国、任何组织、团体或人员在本国领土上从事损害对方国家主权、安全和领土完整的活动。双方致力于保护对方国家在本国的公民的合法权益。

中方坚定支持哈萨克斯坦在由国际法认定并符合联合国基本原则边界上的主权和领土完整。哈方坚定奉行一个中国政策，重申中华人民共和国政府是代表全中国的唯一合法政府，台湾是中国领土不可分割的一部分，哈萨克斯坦反对任何形式的"台湾独立"，支持两岸关系和平发展和中国政府为实现国家和平统一所做的一切努力。中方坚定支持哈萨克斯坦自主选择的发展道路和哈萨克斯坦政府为保持国内稳定、促进社会经济发展所采取的措施。

两国元首也表达出将继续对双边关系发展做出战略规划的意愿，表示双方将继续保持密切的高层交往，就双边关系和国际形势中的重大问题深入交换意见。

同时，将充分发挥中哈总理定期会晤机制在统筹规划和推动两国务实合作方面的重要作用，保持中哈合作委员会高效运转，推动两国务实合作提质升级。为此，将进一步推动两国政府部门、立法机关、社会团体、企业和金融机构等开展合作，加强在完善政府部门职能领域的经验交流。

安全合作是中哈全方位合作重要组成部分。当前，"三股势力"、贩毒、网络犯罪和各种形式的跨国有组织犯罪给两国安全与稳定造成威胁。为有效应对上述威胁和挑战，双方将进一步深化执法部门合作，加强对口部门交流，加大情报信息共享、维护国家边境安全，共同打击"三股势力"、毒品走私、网络犯罪以及跨国有组织犯罪活动，维护两国安全和稳定。

中哈两国还将进一步深化在军事领域的务实合作，继续开展团组互访、人员培训、军事情报、联演联训联赛等领域交流与合作，共同参与上海合作组织框架内多边防务安全领域合作。

在当前国际形势复杂深刻演变的背景下，中哈两国都愿意在国际和地区事务中开展更加密切有效的协作，共同促进地区及世界的和平稳定和繁荣发展。双方将加强在联合国、上海合作组织、亚洲相互协作与信任措施会议、亚欧会议等多边机制内的协调与合作，共同应对全球和区域性挑战，维护两国共同利益，保障本地区乃至世界的和平与安全。双方将秉持"上海精神"，尽最大努力不断深化和发展上海合作组织框架内政治、安全、经贸、人文等领域合作。

第二节　哈萨克斯坦与中国的经贸关系

经贸合作是经济合作的重要内容，经济合作则影响政治互信。自独立以来，哈萨克斯坦与中国贸易合作从无到有，从小到大，从1992年的3.6亿美元增加到2018年的198.85亿美元。目前中国是哈萨克斯坦第一大贸易合作伙伴、第二大出口市场和第一大进口来源国。

中哈两国拥有阿拉山口、霍尔果斯两个铁路口岸和能源管道，乌鲁木齐和喀什两个航空口岸，以及14个陆路口岸。在2004年签署的《中国与哈萨克斯坦建立中哈霍尔果斯国际边境合作中心的框架协议》下，主要口岸已经实施了精简流程的通关程序。在资金方面，亚洲基础设施投资银行和丝路基金的启动，已经稳步推进了一批基础设施互联互通项目，大大增加了中国与哈萨克斯坦的合作效应。哈萨克斯坦独立20多年来，逐步确定了以赢利、投资回报和竞争力为原则的全面务实的经济纲领。丝绸之路经济带所强调的"亲、诚、惠、容"理念和互利共赢的合作模式以及在双边合作中培育新的经济增长极和增长带的新思路等都得到哈萨克斯坦方面的高度认同。在2015年8月31日两国签署的《中华人民共和国政府与哈萨克斯坦共和国政府关于加强产能与投资合作的框架协议》中，双方进一步确定了涉及冶金矿产、能源、机械制造、化工建材、基础设施建设、交通物流、医药合作、工业园区、生物技术等多个领域，为两国今后的合作提供了更为广阔的空间。哈萨克斯坦总统在2016年度国情咨文中指出：当前，哈萨克斯坦对外合作的目标是"优先建立可直达中国、俄罗斯和中亚国家市场"。中哈之间合作的前景十分广阔。2019年9月，托卡耶夫总统在出席中哈企业家委员会第六次会议暨圆桌会议开幕式时发表主旨演讲指出，哈萨克斯坦落实的"光明之路"国家基础设施发展项目与中国"一带一路"倡议有效对接。相信在共同努力下，伟大丝绸之路将得到恢复和复兴，并着重强调两国在贸易、农业、交通、高新技术等领域进行深度合作。同时还强调，哈萨克斯坦高度重视亚洲和欧洲之间的交通运输走廊建设和发展。托卡耶夫还表示，哈萨克斯坦愿意与中国企业联合成立创新企业和IT中心。阿斯塔纳枢纽国际IT初创科技园在首都努尔苏丹运营中。在这里，大数据、互联网、人工智能、云技术和超级电脑领域得到了高速发展。国家为该国际科技园外籍工作人员提供简化签证、劳动和税收手续等优惠政策。托卡耶夫邀请中国企业家们积极利用阿斯塔纳国际金融中心证券交易所的活动。他指出，目前该金融中心拥有250多家注册企业，成为该区域重要的金融机构。这为中哈两国经贸领域的务实合作创造了坚实基础。

❀ 一、中哈对外贸易发展概述

2013年9月7日，中国国家主席习近平在哈纳扎尔巴耶夫大学发表题为《弘扬人民友谊　共创美好未来》的重要演讲，全面阐述中国对中亚国家睦邻友好合作政策，倡议用创新的合作模式，共同建设丝绸之路经济带。哈萨克斯坦首任总统纳扎尔巴耶夫于2014年5月19日至21日对中华人民共和国进行国事访问，访问期间两国签署了《中哈联合宣言》，进一步扩展双边贸易。

通过中国海关总署官方网站统计数据分析，哈中两国贸易额走势具有阶段性特征。中哈贸易额由1992年的3.68亿美元发展至2012年的239.82亿美元，当年首次超过俄罗斯的238.6亿美元，中国成为哈萨克斯坦第一大贸易伙伴国家。总体上看，哈中贸易额变化可分为以下几个阶段。

第一阶段（1992—1998年）：该阶段两国双边贸易总额在10亿美元以下，双边贸易始终为贸易顺差。哈独立期初，由于经济未进入正轨，经济以负增长为主，对中国出口和自中国进口差距较大，尤其是1995—1997年顺差更为明显，双边贸易额除1994年有所下降以外，其余年份都呈缓慢上升趋势。

第二阶段（1999—2004年）：该阶段两国双边贸易总额在10亿～50亿美元，进出口差额逐步减少，但始终是贸易顺差。随着哈萨克斯坦经济逐步恢复并获得较快增速，双边贸易迎来崭新的发展势头，2001年有小幅度的下降，从2002年开始进出口贸易额快速上升，2003年和2004年进出口贸易额几乎相等。

第三阶段（2005—2009年）：该阶段两国双边贸易总额在60亿—180亿美元，双边贸易首次呈现逆差。由于中国经济的快速崛起，不仅带来了中国对哈原材料需求的增加，同时提高了中国加工制造业等领域竞争力，造成哈自中国进口额大幅度提高，但受2008年全球金融危机的影响，2009年贸易额有所下降。

第四阶段（2010—2014年）：该阶段两国双边贸易总额在200亿美元以上，双边贸易呈现顺差。由于哈出口商品的单一和进口商品的多元化进一步加剧，另受中国经济发展增速放缓以及钢铁等行业产能过剩的影响，中国对哈矿产品需求下降导致贸易逆差数量逐年下降。

第五阶段（2014年至今）近年来，中国"一带一路"倡议与哈萨克斯坦的"光明之路"新经济政策和第三次现代化深入对接，两国双方经贸合作呈现加速发展的势头，取得了丰硕的成果。一是双边贸易快速增长。2015中哈双边贸易额为105.67亿美元，2016年双边贸易额为78亿美元，2017年双边贸易额为180亿美元，2018年双边贸易额达到198.85亿美元。中国于2017年首次自哈萨克斯坦进口天然气，此举将进一步提升双边贸易的规模。二是大项目合作加快推进。中哈双方已制定了包含51个项目的产能合作早期收获清单，目前4个项目已建成投产，11个项目启动实施。此外，中方企业实施的化工、基础设施建设等领域10亿美元以上的大项目也在加快推进。三是互联互通成果显著。2017年，过境哈萨克斯坦中欧班列超过1 800列，同比增长了50%，经过霍尔果斯口岸到欧洲的跨境运输通道影响力得到不断提升。四是金融合作不断升级。中国是哈萨克斯坦最大的商业贷款来源国和第四大投资来源国，非资源领域投资、金融合作快速发展，中方积极参与努尔苏丹金融中心建设。五是农业和地方合作方兴未艾。哈萨克斯坦一系列农产品迅速实现对华准入，双方在种植、养殖、农产品加工、农业技术合作和物流运输等领域合作不断加强，成为中哈经贸合作的亮点。

二、中哈贸易的主要特点

1. 结构相对单一

中国是哈萨克斯坦第二大出口市场和第一大进口来源地。由于哈萨克斯坦对华出口比较单一，出口的主要产品是一般金属及其制品，出口额较大的还有矿产品。受国际原材料价格下降的影响，中哈贸易额也在下降。2013 年，中哈贸易额达到 228 亿美元，但 2014 年中哈贸易额下降为 171.82 亿美元，2015 年再次下降至 106 亿美元，2016 年降至 78 亿美元。但从 2017 年起，这种下降的势头在改变，2018 年双边贸易额达 198.85 亿美元。自 2016 年起，哈萨克斯坦农产品对华出口不断扩大，面粉、植物油、大豆、肉类、蜂蜜等都已上了中国人的餐桌。

从双方的贸易结构上看，哈萨克斯坦主要进口的机电产品、金属及其制品、纺织品三大类产品，中国分别占比 42.5 %、11.4 %、8.1 %。哈萨克斯坦主要出口的矿产品、金属及其制品、化工产品等前三大产品中，中国分别占比 64.9 %、19.9 %、12.2 %。哈萨克斯坦与中国贸易合作的结构性整合提升了两国在国际市场的地位，实现了两国经济的双赢。

2. 投资规模在波动中增长

早期中国对哈萨克斯坦的投资规模很小，2003 年以后才出现持续稳定增长态势。1993 年中国对哈萨克斯坦的直接投资额仅为 500 万美元，在之后 10 年里，中国对其直接投资规模波动很大，1997 年猛增到 3.13 亿美元，1998 年因受俄罗斯金融危机的影响，对其直接投资急剧下降，仅为 0.87 亿美元，2001 年又跃升至 2.12 亿美元。直到 2003 年后，中国对哈萨克斯坦的直接投资力度才逐步增强，投资规模迅速增长，从 2003 年的 2.49 亿美元增长到 2014 年的 18.61 亿美元，年均增长 20.1 %。

"一带一路"倡议提出以后，中国对哈萨克斯坦直接投资规模开始呈现缓慢上升的态势，2015 年中国对哈直接投资规模为 8.38 亿美元，2016 年、2017 年则分别上升至 9.62 亿美元、9.99 亿美元。截至 2018 年 6 月底，中国对哈萨克斯坦各类投资累计为 290.1 亿美元。发展前景相对乐观。从中国对哈萨克斯坦直接投资的行业分别来看，主要集中在采矿业、建筑业、专业技术（地质勘探活动）、批发零售等领域。据不完全统计，2017年全年中国与哈萨克斯坦企业以及金融机构签约项目共24个，涉及金额超过80亿美元。截至2018年年初，中哈双边商定的51个产能合作项目，有3个已经完工，6个新项目已启动。尽管受到全球经济形势以及大宗商品价格不稳定的影响，中哈贸易情况在2017年前处于低迷状态。但是在两国共同努力下，2017年年初双边贸易情况开始回暖，2017年全年，中国与哈萨克斯坦贸易总额达77.9亿美元，尤其是中哈农业领域合作成果突出。2017年全年，中哈农产品贸易总量为63.8万吨，同比增长39%。中国从哈萨克斯坦进口小麦29.5万吨，创下历史新高，哈萨克斯坦面粉也首次对我国出口。除此以外，中哈双方已形成农产品种植、深加工、贸易等产业链合作格局。

哈是中国在中亚地区的第一大贸易伙伴、在欧亚地区的第一大投资对象国，中国则是哈萨克斯坦第六大直接投资国、第二大贸易伙伴、第二大进口国和最大出口市场。中国在哈萨克斯坦企业超过1 300家。现阶段，中哈两国正在积极采取推动双边贸易便利化的相关措施，加深两国经贸领域合作，进一步巩固贸易向好态势。

3. "一带一路"带来新机遇

"一带一路"建设把国内资源和国外资源结合起来，实现了中国产业结构调整与国际市场经济区域贸易便利化，促进了哈萨克斯坦与中国两国的企业、银行、基金贸易合作由低级向高级过渡，由简单的进出口贸易向复杂性升级。基于哈萨克斯坦的自然资源优势、土地优势、财税优势、地缘优势，中国企业在哈建立了众多的生产型企业。在哈的中国企业直接参与两国贸易，既有利于哈萨克斯坦也有利于中国降低成本，真正实现了资源的合理配置。

"一带一路"实现了哈萨克斯坦与中国物流形式多样化，重要的贸易口岸有巴克图口岸、阿拉山口口岸、霍尔果斯口岸等，重要贸易城市中心有阿拉木图、努尔苏丹、伊宁、乌鲁木齐、喀什、兰州、西安、北京等，双方的物流合作企业有欧亚资源公司、中铁物流、阿里巴巴、UPS等。哈萨克斯坦把握丝绸之路经济带机遇，提出了"光明之路"新经济计划，其目的就是要把哈萨克斯坦建设成为连接欧洲与中国的物流中心。"双西"公路等高速公路、高速铁路是丝绸之路经济带的物流业基础设施建设，由多国银行联合融资出资建设。哈萨克斯坦境内的努尔苏丹市、阿拉木图市、奇姆肯特市的 A 级物流中心、东大门经济特区、阿克套港扩建工程、霍尔果斯国际边境合作中心年供货量高达 400 万吨。

哈萨克斯坦是中国西部通向欧洲的必经之路，两国在道路连通建设方面卓有成效。哈萨克斯坦首任总统纳扎尔巴耶夫重视发挥哈萨克斯坦的地理优势，提出"我们可以利用我们国家位于欧洲和亚洲接合处的地理优势。我们的过境运输潜力具有巨大发展前景"。中哈在实现新亚欧大陆桥、中国—中亚—西亚经济走廊建设同哈萨克斯坦打造国际物流大通道战略对接，中国陆海联运优势同哈萨克斯坦东向海运需求实现对接方面取得了很大进展。

哈萨克斯坦作为内陆国家，没有自己的出海口，在 "一带一路"倡议提出后，中国成为哈萨克斯坦通向亚太地区的中转站，为双方经贸合作提供了极大便利。以中哈连云港物流运输基地项目为例，2014年 5 月 22 日，习近平主席和纳扎尔巴耶夫总统共同宣布中哈（连云港）物流合作基地启用。该基地一期工程位于连云港区中部，占地22 万平方米。中哈这一物流基地的启用，为哈萨克斯坦打开了更广阔的市场，哈方可以通过中国港口走向亚太市场。截止到 2018 年年初，中哈连云港物流合作基地建设成果明显，已经基本上实现了深水大港、海洋干线、物流站之间的对接。这一项目的完成有助于哈萨克斯坦从内陆国向亚欧大陆互联互通的重要枢纽转型，并且对于提升中哈跨境运输合作效率有重要意义，尤其是以连云港—东大门无水港为支点的海上运输。2017 年全年，过境哈萨克斯坦的中欧货运班列数量超过 1 200 列，与 2016 年相比，集装箱运输量增加了 2 倍之多。2017 年哈萨克斯坦与中国东部出海口实现了进一步连通，中哈双方的物流合作正由传统的陆桥跨境运输，向国际陆海联运方向逐步发展。此外，目前正在建设中的"欧亚洲际走廊"项目，全程长度为 8 000 千米，其中有大约 3 000 千米穿越了哈萨克斯坦，与铁路干线并行。"欧亚洲际走廊"建成后，将进一步连通欧洲西部与中国西部区域，将实现哈萨克斯坦每年过境货运量达 3 000 万吨。总体而言，中哈跨境物流合作不断增强，提高了货物运输效率，有助于双方经贸合作进一步开展，为双方经贸合作提供了契机。

三、中哈合作的石油项目

哈萨克斯坦在中国的能源战略中占有重要地位。目前,中哈间有5条油气跨境运输管道,这些油气管线为中国同欧亚地区国家开展能源合作提供了重要保障;中哈原油管道累计对华输油1亿多吨,中哈天然气管道累计对华输气1 830多亿立方米;双方未来还有可能加强在核电、风电、光伏等新能源领域的合作。

经过近20年的合作与发展,中国的油气公司不断深化与哈萨克斯坦的油气合作,中方公司主要包括中国石油、中国石化、中信能源、振华石油等。中国的石油企业每年石油开采量约占哈国石油总产量的25%。

1. 中国石油在哈萨克斯坦项目

中石油1997年开始进入哈萨克斯坦油气领域,投资业务主要包括阿克托别油气项目、北布扎奇油田项目、PK石油公司项目、KAM、ADM等5个油田开发项目和2个勘探项目。同时,在哈萨克斯坦承建并与哈方合资运营中哈原油管道、肯基亚克—阿特劳管道等油气储运项目。1997年6月,中国石油购买了哈萨克斯坦阿克托别油气股份公司60.3%的股份,获得让纳诺尔、肯基亚克盐上和肯基亚克盐下三个油气田的开采许可证和一个勘探区块合同,中国石油拥有中油阿克托别股份有限公司85.42%的股份。北布扎奇项目位于哈萨克斯坦西部曼吉斯套州。经历多次股权变动后,中国石油目前持有北布扎奇油田50%的股份,以联合作业的方式共同经营北布扎奇油田,年产原油196万吨。KAM项目主要包括肯尼斯油田和贝克塔斯油田,位于哈萨克斯坦南图尔盖盆地。许可证面积174平方千米。2004年11月,公司收购了哈萨克斯坦肯尼斯油田和贝克塔斯油田(合称KAM项目)50%的股权。目前,公司在两个油田分别拥有25%的权益。

2. 中国石化在哈萨克斯坦项目

中国石化油气勘探开发项目自2004年8月进入哈国,拥有FIOC项目和CIR项目。历经10多年的勘探和市场探索,权益油产量由初期的20万吨上升到2015年初的180万吨。FIOC项目共拥有三个独资区块和三个合资区块。三个独资区块所属三个油田已经转入开发,由项目介入以来的年产量20万吨上升到目前的30万吨。中国石化收购CIR

公司50%的股份于2010年8月交割完成，该项目共包括4个子公司、5个在产油田，分别位于曼吉斯套州和阿克托别州的Kozhasai等油田。

3. 中信集团在哈萨克斯坦项目

2006年年底，中信集团公司以19.1亿美元购买了卡拉恰干纳克油田94.6%的权益（100%投票权）。该油田面积160平方千米，油层埋深500米，开采期限至2020年。2007年6月，中信集团按原价出售给哈萨克斯坦国家石油公司50%的权益。卡拉赞巴斯油田位于北布扎奇半岛，距离阿克套东北约200千米。该油田共有7个含油层，埋藏深度为300～500米，2011年、2012年和2013年产量分别为198.1万吨、203.7万吨和205.2万吨。

4. 华信集团在哈萨克斯坦项目

2016年12月15日，上海最大的民营能源及金融企业——中国华信正式并购了哈萨克斯坦国家石油国际公司（KMGI），从而直接掌控了一家年收入200亿欧元以上的石油一体化公司。签署股权转让协议后，双方分别拥有KMGI的51%、49%股权，中方实现控股。KMGI是哈萨克斯坦国家石油公司（KMG）唯一的石油业务国际运作平台，也是哈萨克斯坦石油的海外终端通道，不仅从事油气勘探，也拥有KMG的原油对外销售权益。KMGI经营着2座炼油厂和法国、西班牙、罗马尼亚、格鲁吉亚、保加利亚和摩尔多瓦等地的1 100多座加油站，并在EPC领域提供工业及钻井服务，年销售额超过200亿欧元。

第三节　"一带一路"与"光明之路"对接

2013年9月7日，习近平主席首次访问哈萨克斯坦，在纳扎尔巴耶夫大学发表演讲时提出了建设"丝绸之路经济带"倡议。2014年11月，首任总统纳扎尔巴耶夫提出"光明之路"新经济政策，并将其与中国的"一带一路"倡议对接。中哈加强"政策沟通、设施联通、贸易畅通、资金融通、民心相通"，增进了两国在各领域的合作。在此基础上，2016年9月，中哈正式签署了《关于"丝绸之路经济带"建设与"光明之路"新经济政策对接合作规划》，确定两国合作的愿景为"提高两国基础设施互联互通水平，推动投资贸易发展，加强交通运输、工业、农业、能源、新兴产业、金融、知识产权等领域深度合作，充分发挥双方优势和潜力，不断拓展互利共赢的发展空间，促进共同繁荣，提升在国际市场上的联合竞争力。"该文件具体规划了两国在"一带一路"框架下在交通基础设施、贸易、制造业、金融、农业、人文等领域的合作。为了加强经济合作，中哈两国签署了《关于加强产能与投资合作的框架协议》《毗邻地区合作规划纲要（2015—2020年）》等文件，还签署10多项政府部门间合作协议，涉及经贸、金融、基础设施建设、水利、质检、媒体等诸多领域。

中国建设"丝绸之路经济带"倡议和哈萨克斯坦"光明之路"新经济政策对接合作意义重大。实践证明，中哈两国经济互补性强，双方在产能合作、能源合作等方面拥有巨大潜力。

❖ 一、"光明之路"新经济计划

哈萨克斯坦首任总统纳扎尔巴耶夫在2014年11月发表的国情咨文中宣布实行大规模的投资计划，以促进哈萨克斯坦的经济增长，这一计划即"光明之路"。"光明之路"的大规模投资不仅是为了发展哈国内运输网络，同样也是为了将哈萨克斯坦打造成全球交通走廊，以连接中国、欧洲和中东各市场。该计划强调了哈萨克斯坦作为欧亚主要交通枢纽，将亚洲货物运输到欧洲，具有优越的地理位置。随着货运量的增加，哈萨克斯坦希望从货物过境中获得大量红利。目前哈萨克斯坦过境货运量为每年25万集装箱，主要经由江苏省连云港物流码头。而哈萨克斯坦预计"光明之路"的实施将使沿中国、中亚、俄罗斯和欧洲线路运输的货运量翻一番，达到每年3 300万吨。为此，哈萨克斯坦计划通过开发三个重点方向，以提高来自亚太地区中转到欧洲和中东境内的货物运输量。这三个方向包括："北线"（西欧—中国西部国际公路）、"中线"（中国—哈萨克斯坦—阿塞拜疆—格鲁吉亚—土耳其铁路）和"南线"（哈萨克斯坦—土库曼斯坦—伊朗铁路）。

1. 北线

西欧—中国西部国际公路始于圣彼得堡，在进入中国之前经过哈萨克斯坦。该线全长8 445千米，在哈萨克斯坦一段的长度是2 787千米。该项目有望改善哈萨克斯坦经济，因为其涉及的五大区域拥有750万人口，约为全国总人口的一半。此外，该项目连接俄罗斯和中国，并包括"光明之路"计划建立的两个关键的物流终端，即"霍尔果斯—东大门"经济特区陆港和阿克套海港，因此对哈萨克斯坦经济发展具有重要的战略意义。中国—哈萨克斯坦—阿塞拜疆—格鲁吉亚—土耳其铁路则是一个宏伟的铁路项目，该项目将连接两个独立的铁路段。一个铁路段是中哈国际铁路，该段起于中国，经霍尔果斯口岸至阿克套海港。与之对接的是"巴库—第比利斯—卡尔斯"铁路（BTK），该段连接了阿塞拜疆、格鲁吉亚和土耳其。

哈萨克斯坦—土库曼斯坦—伊朗铁路线已于2014年12月3日开通，"哈—土—伊"国际铁路连接了中亚和中东。新的铁路线为哈萨克斯坦和土库曼斯坦提供了经由伊朗进入中东地区的通道，也为土库曼斯坦和伊朗提供了经由哈萨克斯坦进入中国和亚太地区的通道。

2. 中线

在"光明之路"计划框架内，陆港霍尔果斯与海港阿克套是哈萨克斯坦基础设施发展的基本点，也是其最终能成为跨亚欧市场的一个重要交通枢纽的先决条件。阿克套是哈萨克斯坦在里海的唯一港口，因此"中线"是一个重要的战略据点。哈萨克斯坦希望将阿克套打造成主要的区域交通枢纽之一，通过改造和扩建该港口，至2020年将货运容量增加到1 900万吨。霍尔果斯既是中国与哈萨克斯坦之间的分界线，也是一些观察家所谓的"中西合璧"和"新丝路"的连接点。来自中国的集装箱被转移到哈萨克斯坦铁路车辆上，并被进一步运输至俄罗斯和欧洲的市场。哈方对霍尔果斯经济特区寄予厚望，希望通过它加速扩大中国商品经由新疆运至中亚、欧洲和中东地区的贸易往来。

3. 南线

哈萨克斯坦已经铺设了通向俄罗斯和中东（伊朗）的高速公路和铁路。正如一些哈萨克斯坦专家指出，西欧—中国西部国际公路以及中哈土库曼斯坦—伊朗—波斯湾的铁路各段将成为"一带一路"的有机组成部分。

"光明之路"是哈萨克斯坦升级国内交通基础设施的一项计划，力图将哈萨克斯坦打造成欧亚大陆交通运输网络的一块重地。纳扎尔巴耶夫特别提出建设"集铁路、公路和海上为一体的多模式高速欧亚走廊"的理念。这条欧亚跨国走廊包含四个重点线路：一是现有的贯穿哈萨克斯坦、俄罗斯和欧洲的铁路线路；二是西欧—中国西部国际公路；三是中哈国际铁路跨里海后连接"巴库—第比利斯—卡尔斯"铁路的线路；四是哈萨克斯坦—土库曼斯坦—伊朗铁路线路。中哈两国领导人不断地强调"一带一路"与"光明之路"的互补性。哈萨克斯坦希望借助高度发达的交通网络，获得更多的过境收入，进而改善国内经济。高质量的公路和铁路能在短时间内运送更多的货物，过境哈萨克斯坦的货物运输将吸引更多的外国投资者，尤其是在西部（阿克套海港）和东部（霍尔果斯口岸）的建设完成后。"一带一路"倡议与"光明之路"计划有着共同的利益目标，都希望通过交通走廊将欧亚两地紧密联系起来。

二、对接的制度基础

中国和哈萨克斯坦国家领导人也多次指出，"光明之路"与"一带一路"有众多契合点。纳扎尔巴耶夫明确地将"光明之路"新经济政策与中国的"一带一路"倡议联系起来，并称这两个项目的对接方式"非常有趣"。2015年5月，习近平和纳扎尔巴耶夫表示愿一道协调实施发展战略，追求共同繁荣。在同纳扎尔巴耶夫会谈时，习近平强调了中哈两国在共建丝绸之路经济带方面已经取得早期收获，中国也十分愿意将"一带一路"与"光明之路"相对接。习近平强调："我们愿意在平等互利基础上推进丝绸之路经济带建设同哈方'光明之路'新经济政策的对接，实现共同发展繁荣。"2015年8月31日两国领导人签署了《中华人民共和国和哈萨克斯坦共和国关于全面战略伙伴关系新阶段的联合宣言》，这标志着"光明之路"和"一带一路"项目正式开始合作。通过签署联合声明，双方还表明愿意共同支持产能和投资领域的大型合作项目。由此可见，"一带一路"和"光明之路"的合作并不局限于基础设施项目。合作的主要领域还包括工业和制造业，对钢铁、水泥、平板玻璃和食品等行业的新投资项目将促进哈萨克斯坦工业和制造业的发展。在习近平和纳扎尔巴耶夫签署联合声明之前，中国国务院总理李克强在2014年12月正式访问阿斯塔纳（今努尔苏丹）期间也曾提出要支持哈萨克斯坦的基础设施建设。李克强在中哈企业家委员会第二次会议上说："中方愿参与哈萨克斯坦政府新近提出的'光明之路'计划。这一新经济计划的重点是发展基础设施，需要钢铁、水泥、平板玻璃、电厂等，中国在这些方面有很强的装备制造能力，中方愿支持哈方，实现互利共赢。"因此，在上海合作组织成员国政府首脑理事会第十三次会议期间，中国与哈萨克斯坦就开展产能合作达成共识。2019年9月，哈萨克斯坦总统托卡耶夫在北京与李克强总理会晤时表示，中国是哈萨克斯坦重要战略伙伴，哈方对哈中关系现状十分满意，愿积极参与共建"一带一路"，深化各领域合作，扩大哈对华产品出口，密切两国青年、旅游等人文交流，推动两国关系持续健康稳定发展。

当前，中国新发展理念和"两个一百年"奋斗目标同哈萨克斯坦第四次工业革命的发展理念，对中哈各自发展具有重要指导意义，能够深化两国间合作，实现共同发展和繁荣。两国的国家战略均强调改善民生和调整经济结构，均视发展为第一要务。尽管存在互联互通基础仍旧薄弱、相互市场开放程度不足、贸易商品结构不平衡、法律和标准等差异较大等部分困难，但是对发展的共同需求、对美好生活的共同愿望、对国际问题的共同立场，让中哈两国合作的机遇总是大于挑战。未来，务实合作是中哈全面战略伙伴关系发展的推动力，两国将实施更加开放、包容、平衡、互利共赢的经济政策，打造公平竞争的营商环境，促进经济全球化和贸易自由化。

未来，中合两国将继续拓展以下领域合作：扩大双边贸易规模，丰富两国贸易商品结构，发掘双边贸易新增长点，积极探索创新合作，促进高附加值和高新技术产品贸易，努力推动双边贸易平衡发展；深化产能与投资合作，推动更多产能合作项目落地开工。充分发挥产能与投资合作对话机制下的信息交换和协调作用，做好《中哈产能与投资合作规划》编制工作；扩大能源合作，深化油气田勘探开发、原油贸易和加工、和平利用核能等领域合作，推进天然气贸易稳步发展；拓展两国金融领域合作，扩大本币结算在贸易和投融资领域的使用规模，继续落实包括两国央行本币互换协议等已签署的双边协议，创新融资和担保方式，用好各类投资平台，做好投贷结合；加强跨境电商合作，建立电商合作机制，打造合作新业态和新模式，促进两国"数字经济"发展规划对接；同步加强口岸等跨境基础设施建设、海关、检验检疫和边境口岸、信息互换、监管互认、执法互助和开展国际贸易"单一窗口"等方面合作，进一步促进贸易安全与便利，不断提升口岸运行管理效率和互联互通水平；加强农业合作，双方将在农产品贸易取得积极成果的基础上，继续加强农产品准入、农业投资、"种养加全产业链"、畜牧兽医和技术交流合作，不断拓展现代农业合作产业链；探索科技、信息技术合作新模式、新项目，推动相关科研机构和高校合作；加快发展国际铁路货运班列，包括发展中国—哈萨克斯坦—中亚、中国—哈萨克斯坦—欧洲、中国—哈萨克斯坦—海湾国家方向的集装箱运输，采取措施降低物流费用，提升铁路换装效率，简化通关手续，为中国货物过境哈萨克斯坦运输创造有利条件；共同运营好中哈霍尔果斯国际边境合作中心，建立部级协调机制，加强双方规划和政策协调，提升共同运营和管理水平，以及加强航天领域、军工军贸领域、人文领域、环境保护方面的合作。

参考文献

[1] 〔哈〕坎·格奥尔吉·瓦西利耶维奇. 哈萨克斯坦简史. 北京：中国社会科学出版社，2018.

[2] 〔哈〕纳扎尔巴耶夫. 前进中的哈萨克斯坦. 北京：民族出版社，2000.

[3] 韦进深，舒景林. 哈萨克斯坦国家发展与外交战略研究. 广州：世界图书出版社，2016.

[4] 王海燕等. 贸易投资便利化——中国与哈萨克斯坦. 上海：华东师范大学出版社，2012.

[5] 杨思远. 哈萨克斯坦经济. 北京：中国经济出版社，2016.

[6] 赵常庆. 列国志·哈萨克斯坦. 北京：社会科学文献出版社，2015.

[7] 张宁. 哈萨克斯坦独立后的政治经济发展. 上海：上海大学出版社，2012.

[8] 〔哈〕纳扎尔巴耶夫. 哈萨克斯坦2050战略——健全国家的新政治方针(EB/OL)，哈萨克斯坦共和国驻华大使馆网站.

[9] 哈萨克斯坦总统纳扎尔巴耶夫咨文《至2030年的哈萨克斯坦：繁荣、安全和全体哈萨克斯坦人的福利改善》(摘要)，东欧中亚市场研究，1998(8).

[10] 阿里波娃·塞娅. 哈萨克斯坦共和国国家博物馆. 自然科学博物馆研究，2018(1).

[11] 阿依提拉·阿布都热依木. 哈萨克斯坦独立后20年的教育现状探究. 新疆大学学报(哲学社会科学版)，2012(1).

[12] 陈其钢，李淑清. 哈萨克斯坦人力资源结构分析. 新疆社会科学，2006(6).

［13］ 丁佩华. 试论哈萨克斯坦移民结构的历史演变. 世界民族,2009(2).

［14］ 郭辉,依马木阿吉·艾比布拉. 哈萨克斯坦各产业对经济增长的贡献度及产业转型困境. 俄罗斯东欧中亚研究,2017(6).

［15］ 国家发展改革委、外交部、商务部. 推动共建丝绸之路经济带和21世纪海上丝绸之路的愿景与行动. 北京:新华社,2015-03-28.

［16］ 刘姬. 哈萨克斯坦农业发展与土地改革. 世界农业,2017(1).

［17］ 刘宏宇. 建国后哈萨克斯坦语言政策变迁. 新疆大学学报(哲学社会科学版),2013(4).

［18］ 刘乐,马莉莉. 哈萨克斯坦经济转型与"丝绸之路经济带"建设. 欧亚经济,2016(1).

［19］ 刘文斌. 二十世纪前哈萨克斯坦的艺术创作. 内蒙古大学艺术学院学报,2012(3).

［20］ 李发元. 哈萨克斯坦的民族结构与语言状况研究.《西南民族大学学报》(人文社会科学版),2016(5).

［21］ 李宁. 丝绸之路经济带建设与哈萨克斯坦工业化. 晋中学院学报,2018(2).

［22］ 马新英,孟凡丽. 哈萨克斯坦高等教育的历史演变及现状分析. 俄罗斯中亚东欧市场,2011(3).

［23］ 蒲开夫,张永明等. 独立后哈萨克斯坦的人口和社会发展. 新疆大学学报(哲学·人文社会科学版),2010(1).

［24］ 沙依然·沙都瓦哈斯. 试论影响哈萨克斯坦语言问题的几个因素. 东欧中亚研究,1999(5).

［25］ 王承玥,王心怡. 试论"一带一路"背景与"光明之路"计划的对接——兼论其对中哈关系的意义. 中共济南市委党校学报,2018(1).

［26］ 王凯. 哈萨克斯坦的军事战略和军事力量. 国际资料信息,2004(5).

［27］ 王虎. 哈萨克斯坦独立前后的民族人口政策及其实践. 新疆大学学报(哲学·人文社会科学版),2006(3).

［28］ 王雪梅,海力古丽·尼牙孜. 哈萨克斯坦高等教育国际化发展研究. 比较教育研究,2016(8).

［29］　王志远．"丝绸之路经济带"与哈萨克斯坦：穿越还是融合．新疆财经大学学报，2016（2）.

［30］　王智娟．哈萨克斯坦：语言问题政治化的新发展．东欧中亚研究，2002（3）.

［31］　吴宏伟．哈萨克斯坦独立以来的人口与人口迁移．东欧中亚研究，2002（3）.

［32］　许涛．哈萨克斯坦民族宗教概况．国际资料信息，2002（7）.

［33］　于敏，柏娜，茹蕾．哈萨克斯坦农业发展及中哈农业合作前景分析．世界农业，2018（1）.

［34］　杨雷．论哈萨克斯坦三玉兹的关系．俄罗斯中亚东欧研究，2011（1）.

［35］　左凤荣．中哈关系："一带一路"合作的典范．国际视野，2017（8）.

［36］　赵常庆．哈萨克斯坦农业与土地改革问题研究．中亚研究，2017（1）.

［37］　张宁．中哈全面战略伙伴关系进入新阶段．光明日报，2017-06-11：005.

［38］　张宁．哈萨克斯坦议会简介（1-4）．中国人大，2017（13、14、15、16）.

［39］　张宁一．哈萨克斯坦宗教事务管理体制．国际研究参考，2014（4）.

［40］　张宏莉．哈萨克斯坦的宗教现状与宗教政策．西北民族大学学报（哲学社会科学版），2018（2）.

［41］　张立哲．哈萨克斯坦地区稳定战略评述一基于〈哈萨克斯坦——2030〉〈哈萨克斯坦——2050〉的实证分析．中共伊犁州委党校学报，2015（1）.

［42］　张玉霞，迪努尔哈力江．哈萨克斯坦独立以来的电影发展之路．当代电影，2018（8）.